BENJAMIM
O EMPRESÁRIO

COMO FICAR RICO

CIP-BRASIL. CATALOGAÇÃO NA PUBLICAÇÃO
SINDICATO NACIONAL DOS EDITORES DE LIVROS, RJ

M585b
Milani, Mário

Benjamim o empresário : como ficar rico / Mário Milani. 1. ed. - São Paulo: Letras Jurídicas, 2019.

80 p. ; 21 cm.

ISBN 9788562131745

1. Finanças pessoais. 2. Êxito. 3. Sucesso nos negócios. I. Título.

19-61647 CDD: 650.1
CDU: 005.336

Meri Gleice Rodrigues de Souza - Bibliotecária CRB-7/6439

28/11/2019 03/12/2019

Mario Milani

BENJAMIM
O Empresário

Como ficar rico

1ª Edição 2020
São Paulo – SP

Letrasdo Pensamento

Diagramação: Adailton Ragazoni

Capa Ilustração: Marcos Senna

Capa Design Grafico: Adailton Ragazoni

Planejamento Editorial: Milani GI Ltda.

Revisão: Cristina T. M. Saito e Airan Rodrigues

Editores: Mário Milani / Cláudio P. Freire.

1ª Edição — 2020 — São Paulo-SP

Letrasdo Pensamento

LETRAS DO PENSAMENTO
Largo São Francisco, 181, 6º Andar - Salas 11/12 - Centro
CEP: 01005-010 - São Paulo - SP
Telefone/Fax: (11) 3107-6501 (11) 9-9352-5354
Site: www.letrasdopensamento.com.br
E-mail: vendas@letrasdopensamento.com.br

Impressão no Brasil

Realização: Milani GI Gestão integrada
"Benjamim o empresário - Como ficar rico"

Benjamim - O Empresário
Narrativa da vida real – Desenhos do grupo
HQ Caneca – Marcos Senna

Divulgação, debate, Power Point
Público alvo: empresas, futuros empresários,
comércio e indústria

Saga Benjamim gêneros
Música, poesia, crônicas, contos experiências
da vida real, estudos

Citações
Livros de autores internacionais, nacionais, do autor,
compositor e poeta Milani

Imagens fotos e ilustrações
Marcos Senna, Adailton Ragazoni, arquivos livraria Milani

AGRADECIMENTOS

Aos amigos: Professor doutor Luís Fernando Escouto, Eduardo Dario Dias, minha filha Samara, Junior e Larissa Expedição Varpa, minha esposa Silmara Lourdes Truzzi, Adailton Ragazoni na elaboração de editoração, fotografia e design, Airan Rodrigues, musico, cantor, poeta e compositor, Laerte Marques, musico arranjador, cantor e compositor, Cabral Jornalista, defensor e incentivador cultural do Jornal da Manhã, Diego Agência Bulboo, Imprensa escrita, televisiva e mídias sociais, Anderson Marques Aiko Filmes, Urbano Alicate Jornal O Luminoso, Edileia e Vera Lojas Milani, Músicos, Poetas, Artistas Desenhistas e a turma do HQ Caneca.

SUMÁRIO

Desafio de um novo negócio

Benjamim gosta de conversar sobre novos negócios, principalmente, com pessoas que, como ele, não têm medo de arriscar. Para ele, elaborar um conceito de negócio é como ler bons livros, já que os considera receitas prontas para o sucesso. Gosta tanto de livros, que publicou nove obras. Aprendeu muito cedo que, quando alguém deseja viver uma nova experiência em negócios, tem de se dedicar de maneira intensa, sem medo, além de estudar e de ter muita fé!

Benjamim gosta muito de conhecer os hábitos das pessoas, suas vaidades, as injustiças por elas sofridas, seus conhecimentos e preconceitos, suas maldades e bondades, e, principalmente, a capacidade que têm de amar ao próximo. Por isso decidiu escrever, para criar um fio condutor para jovens e adultos empreendedores.

Com o intuito de atrair novos consumidores para sua loja, Benjamim resolveu montar uma adega, com bebidas variadas, sendo o vinho o carro chefe, já que, para ele, se trata de uma bebida fina, cheia de mistérios. Antes, porém, tinha dúvidas sobre esse mercado, cheio de sabores, de marcas, de rótulos, de variedades, de vinícolas e de distribuidores. Seria um verdadeiro desafio! Para encará-lo, Benjamim adotou os mesmos critérios de quando resolveu escrever livros: contar e viver a realidade, sempre com os pés no chão. Decidiu elaborar publicações para contar suas experiências, pois tem muito conhecimento da área comercial, já que, como empresário e investidor, seu plano constituía montar uma adega.

Os livros de Clarice Lispector, para Mário Milani, vulgo "Benjamim", são como manuais de receitas para o sucesso

Fonte: arquivo do autor

Num primeiro momento, Benjamim não revelou suas intenções a ninguém, pois sabia que seus colaboradores, principalmente os ligados à administração de suas finanças, o rebateriam. Eles detestam prejuízos! Quando contou seu plano ao tio, ouviu, como resposta, que estava procurando chifre em cabeça de égua. Já sua irmã, uma empresária muito cautelosa, também refutou Benjamim. Como réplica, ele citou Clarice Lispector: "se uma pessoa fizesse só o que entende, jamais avançaria um passo sequer". Mas a resposta dela foi desconcertante: "— Só tem um detalhe: se Clarice fosse viva, diria para você não exagerar!".

Certo dia, Benjamim assistia a um programa em um canal local e, nele, a entrevistadora recebia um convidado, Fernando, o qual exibia toda sua habilidade no campo gastronômico. Tratava-se de um renomado professor e sommelier, doutor na atividade. No outro dia, Benjamim agendou uma reunião com o ilustre docente. O empresário foi ao seu encontro, inspirado pela obra O profeta, de Gibran Khalil Gibran. Isso porque uma frase presente no livro chamou a atenção de Benjamim e caiu como uma luva para sua nova atividade: "e um comerciante disse: fala-nos das compras e vendas. E ele respondeu: a vós a terra oferece seus frutos, e nada vos faltará se somente souberdes como encher as mãos. E trocando as dádivas da terra que encontrareis a abundância e sereis satisfeitos".

As livrarias possuem diversos títulos sobre vinhos, em sua maioria revestidos por capa dura, com acabamento perfeito em relevo e cores vivas. Muitas vezes, tais obras apresentam, na capa, vinícolas com lindas plantações de uvas. Esses detalhes encarecem as publicações e as tornam acessíveis apenas para uma classe exclusiva de consumidores. Benjamim confia muito nos profissionais que o cerca, não faz nada sem consultá-los. Desse modo, para a reunião com o sommelier, convidou seu design de interiores e artista gráfico, Eduardo, conhecido, no meio artístico, como Gringo, visto que toca violão e dança tango como um verdadeiro argentino. Além disso, domina o ritmo de sua terra com maestria. Ele se destaca tocando e cantando os tangos imortalizados pelo seu ídolo, Carlos Gardel. Outro fato curioso sobre o amigo de Benjamim: ele se parece, fisicamente, com o ator Al Pacino. Logo na primeira reunião, Benjamim enfatizou: deseja ser um distribuidor de vinhos e de bebidas destiladas.

Tem-se a ideia de que apenas as classes sociais bem-sucedidas apreciam bons vinhos. Porém essas bebidas estão disponíveis para diversas pessoas ao redor do mundo. Para Benjamim, os vinhos consistem em termômetros: o jovem que pretende ser um empresário, ou aquele que possui seu negócio, e se atentar aos ensinamentos dos rótulos de vinhos, terá mais chances de sucesso profissional. Seu progresso será notado através do aprimoramento de sua postura e de sua linguagem. A preferência por determinado rótulo simbolizará o quão apurado está seu paladar.

Chef / Sommelier Luiz Escouto Harmonização: os segredos da união perfeita.

Foto: arquivo do autor

Gringo e Fernando não se conheciam, porém a reunião foi muito produtiva e divertida. Fernando contou que o segredo para o sucesso nesse tipo de negócio é estar em sintonia com a linguagem do vinho, a qual constitui uma cultura nobre. Também apresentou seis exemplos de harmonização, a fim de capacitar Benjamim a orientar seus funcionários e clientes:

- O vinho mais aconselhável para acompanhar carnes brancas, como a do peixe, é o do tipo branco. Mas, no caso do bacalhau, a coisa muda de figura. Por ser típico de uma região fria e possuir sabor diferenciado, devido à alta concentração de sal, harmoniza com um vinho tinto leve ou com um rosé.

- Se o bacalhau for assado ou grelhado no forno, as melhores opções continuam sendo os vinhos tintos leves ou rosés. Agora, se o prato em questão for aquela bacalhoada com bastante molho, azeitona e legumes, o vinho branco de uva Chardonnay, por exemplo, e até um Brut ou um Prosecco, agradarão mais.

- No caso da sobremesa que leva chocolate, é preciso mais atenção. O sabor marcante do chocolate, alimento rico em gordura, não é fácil de ser combinado com o vinho. Faz-se necessário escolher um tipo bem específico, de preferência mais denso e doce, como o licoroso.

- A harmonização com chocolates amargos ou meio amargos se dá através de um envelhecido Vinho do Porto. Já para os chocolates ao leite, não existe muita restrição. Como eles são mais leves, combinam com qualquer vinho licoroso.

- Quando a sobremesa misturar chocolate com frutas, a harmonização se dá por meio dos vinhos tintos feitos com uvas passas, da família Valpolicella. Mas se a escolha for uma sobremesa à base de chocolate branco, recomenda-se o Vinho do Porto branco.

- Contudo, se a sobremesa for na linha das mousses — acompanhadas ou não de sorvetes e bolos —, é melhor pensar em espumantes de uva moscatel bem gelados, pois são frutados.

Fernando ainda recomendou as temperaturas corretas para o armazenamento de vinhos. Segundo ele, é sempre bom servir vinho branco e espumante gelados. Já no caso do tinto, a temperatura ideal é 18°C. Aquela noite foi altamente produtiva. Ficou a cargo de Gringo o projeto da adega, porém Benjamim sugeriu que ela tivesse torres, devido a uma estratégia de marketing: exibir 11 torres de vinhos nacionais e importados. Ao final, brindaram com uma garrafa de tinto, presente do sommelier, e ouviram tango dedilhado, tocado, por Gringo, no violão que Benjamim deixa em seu escritório. Empolgado, Gringo prometeu desenvolver o projeto inspirado na Argentina, onde existem adegas belíssimas, além de famosos rótulos. Por mais experiência que Benjamim tivesse, um novo negócio não deixa de ser uma preocupação a mais, pois são muitas atividades distintas em um só lugar. O empresário sabia que, se consultasse especialistas financeiros, seu sonho iria por água abaixo.

Tarde da noite, já no descanso do seu travesseiro, Benjamim não quis acordar sua esposa para contar a novidade. Dormiu, pensando: "não tenho dúvidas, vou vender muitos vinhos, desta loja só tiro o que cabe nas mãos, como disse o profeta". Como previsto, não deu outra: a noite de "lançamento" constituiu um projeto de sucesso. A adega harmonizou muito e embelezou o ambiente. Houve degustação de vinhos. Os amantes da bebida tiraram várias fotos, criaram inúmeros cenários, de vários ângulos, e encheram as memórias dos celulares com fotografias. Havia muitos casais, que ficaram apaixonados pela beleza do ambiente.

Para Benjamim, tal experiência consistiu na mais importante e desafiadora de sua vida. Muitos são os homens que chegam ao fracasso cedo. O grande problema é que não sabem delegar poderes. O exemplo dado no caso da montagem da adega é simples e claro: quem quer investir em um novo negócio, deve saber escolher as peças-chave, delegar responsabilidades e nunca tentar fazer tudo sozinho. No caso da adega, a presença dos profissionais, como o sommelier, foi fundamental nos cursos de degustação com jantares. Já os profissionais gráficos elaboraram toda a linguagem impressa e capricharam em todos os detalhes: das etiquetas aos convites, tudo era muito bonito. Outro aspecto importante foi o projeto de design de interiores, que distribuiu os vinhos, nas gôndolas e nas torres, em categorias como países e rótulos. Mas a principal qualidade da adega era a humanização do relacionamento com o cliente, uma vez que urgência, ansiedade e preocupação, passavam longe de lá! É aquela história: a pressa é a inimiga da perfeição!

Os primeiros clientes da adega: Emerson Carvalho e Gilmar Gonçalves

Fonte: arquivo do autor

Fundamental na vida de audaciosos e corajosos empresários, a linguagem do vinho auxilia na convivência humana! Nesse ambiente, de luxo e de prazeres, é possível observar e comprovar diversos tipos de atitudes, hábitos e gostos. Também se constata muita vaidade, oriundas de pessoas extremamente insuportáveis, ou profundamente miseráveis. Porém, nesse mesmo contexto, pode-se selecionar pessoas verdadeiras, conhecedoras da arte de beber um delicioso vinho, para novas e puras amizades. Mesmo com o sucesso da empreitada, Benjamim percebeu a oportunidade de se tornar um possível distribuidor, visto que o negócio já nasceu com fortes possibilidades de ser franqueado. Desse modo, foram sete anos maravilhosos de cultura e conhecimento, mas ele preferiu vender a adega para um renomado supermercado da cidade.

Mário Milani e o boneco de mais uma obra

Foto: Adailton Ragazoni

Um belo dia, Silmara, esposa de Benjamim, fez uma surpresa, pois o nome de um vinho chamou sua atenção na adega do supermercado. Trata-se de um vinho da linha jovem fresco e frutado, um Chardonnay com um rotulo encantador, safra 2017, procedência Argentina, das Bodegas Nieto Senetiner. O que realmente chamou a atenção dela foi o nome do vinho: "Benjamin". Depois de tudo isso, você deve estar perguntando: para ficar rico, é preciso conhecer vinhos? O vinho é considerado uma bebida sagrada, Jesus deixou bem claro isso na multiplicação dos pães. É tão sagrado, que, historicamente, nenhuma religião foi contra o uso moderado. Quem se atenta à harmonização dos vinhos, possui enorme facilidade em administrar seu negócio, tanto no comércio como na indústria, uma vez que as adegas consistem em lugares sagrados e, através delas, as encomendas via e-commerce chegam aos lares com requintes de modernidade. Agora você que comprou esse livro para ficar rico, vai passar por mais um momento de grande meditação, tão ou mais importante do que sua passagem pela adega de vinhos preciosos.

A próxima etapa não é tão deliciosa como as dos vinhos, mas é fundamental para sua riqueza de conhecimento e para compreender as formas de ganhar dinheiro. Assim que você entender o princípio das metáforas, fica relativamente fácil iniciar um novo negócio ou ampliar as empresas em atividade.

Para que serve a próxima etapa? Para mostrar o poder da literatura nas empresas.

Certa vez, o escritor estadunidense Mark Twain disse: "o Homem que não lê bons livros, não tem nenhuma vantagem sobre o homem que não sabe ler".

As crônicas que estão por vir e, assim como as poesias e as composições musicais, serão como fios condutores para o sucesso no mundo empresarial dos negócios contemporâneos. A maioria delas virou música e pode ser encontrada no YouTube. Se você quer ficar rico, concentre-se e aprecie-as!

Reflexão sobre o comércio

É um lugar abençoado
Onde as pessoas que trabalham
Contam com seu sustento
É o grão do trigo moído
Que faz e vende o pão de cada dia
É um lugar onde as pessoas trabalham sorrindo
Demonstrando sua alma de prazer e servir
Lugar abençoado, com as mercadorias que entram e saem
Com o mesmo cuidado que a natureza criou
Lugar onde o dono e os colaboradores
Vivem intensamente a fantástica vida comercial

Reflexão sobre a empresa

A empresa é como a imagem daquela mãe
Que amamenta o filho com amor
É como o estudante
Que sabe abraçar e respeitar o professor
Segura nas mãos o canudo
Do sonho de viver o presente
Como um pintor famoso
Que deixa, em suas pinceladas, o encanto da sua arte
Sua assinatura faz da imagem refletida na superfície plana da tela
Seu logo
O futuro da empresa está na ação de cada colaborador
O sucesso está no cuidado sensível e dedicado
Do protagonista de todos os dias
Aquele que aprender a dar a César o que é de César
Não terá problemas com o fisco e prosperará
Aquele que não obedecer aos rigores da lei do seu país
Será rebaixado
Diferente daquele dono que cumprimenta o jardineiro
Na entrada da empresa.

Reflexão sobre a Água

Água que cai do céu
Vem molhar o chão
Brotar a semente
Para fazer nosso pão
Água que me viu nascer
Faz-me crescer
Agora estou aqui
Quero te proteger
Nascente lá dos montes
Que desce pela serra
Não quero que um dia
Seja motivo de guerra
Chuva que cai do céu
Na terra vem correr
Do rio vai para o mar
Água que cai do céu
Vem molhar as flores
Vou pegar uma para meu amor.

Abraço na Água

Ilustração: Marcos Senna

Reflexão sobre o amor

Viver sem amor
É como a primavera sem as flores
É a noite sem as estrelas
A lua sem luar...
É o mar sem as ondas
Sem areia
Sem o sol...
É passar pela vida
E não conhecer o olhar da mulher amada.

Reflexão sobre a vida

A vida é como o amanhecer de céu azul
O pôr do sol e o escurecer
Descansa o bom sono
Aquele que trabalhou com amor
Novo amanhecer sem sol
Chuva até o escurecer
Dorme triste
Aquele que trabalhou com desgosto
A mulher é abençoada
Ao gerar a vida que sorri nos braços
O pai tem um tesouro para brincar e sonhar
A família é como a alvorada
Cheia de fé e amor
Vem como a primavera
Que prepara os frutos do amanhã

Os livros servem apenas para extrair aprendizados e aplicá-los nos negócios. Os encantos e os aromas do vinho, a beleza das crônicas e das poesias criativas também expandem nosso conhecimento. Em uma empresa, é preciso entender qual seu público-alvo e, principalmente, a linguagem do seu target, o que possibilita um diferencial perante o mercado e, consequentemente, mais lucro. As oportunidades estão muito perto de nós. O segredo é saber enxergá-las. Em todos os métodos, precisamos das pessoas. O público nas mãos é o primeiro sinal de riqueza. O fornecedor é o ouro que vem até sua empresa, cuide bem dele!

OPORTUNIDADE - 1965, EM PLENA DITADURA

Aos 14 anos, o pai de Benjamim perdeu o emprego, vendeu a casa e, com os acertos dos direitos trabalhistas, comprou um sítio. Benjamim entrou em desespero com a possibilidade de encarar trabalho forçado de sol a sol. Sua salvação foram os livros! Em uma obra de Olavo Bilac, lida por Benjamim, um homem, aborrecido com seu sítio, pediu para o escritor redigir um texto com palavras bonitas, a fim de vender sua propriedade. Após algum tempo, Bilac perguntou se o amigo havia vendido o sítio. Como resposta, o proprietário disse ter desistido da ideia após ler o texto. As palavras têm poder!

A vivência rural possibilitou diversas experiências. Nesse período, no qual ocorreu a primeira reforma agrária do estado de São Paulo, Benjamim enxergou a oportunidade de ganhar dinheiro. Sua ideia foi chamar um antigo vizinho da cidade, o músico José Carvalho, que tocava na Banda do Barreto, para se apresentar em uma festa. Sua intenção consistia em levar alegria àquele povo carente de diversão. Os idealizadores pensaram em tudo, pois, além da cooperativa e do posto de atendimento médico, havia um belo salão de eventos para 200 pessoas, bem iluminado, tudo muito bonito! Benjamim foi o caixa naquela triste noite, visto que apenas 12 pessoas compraram o ingresso, e a multidão, sem dinheiro, ficou de fora! Benjamim se envolveu numa tremenda saia justa! A solução consistiu em liberar a portaria; para a população, foi uma festa, mas, para Benjamim, não passou de prejuízo. A solução foi convencer o maestro a tocar em troca dos 12 ingressos vendidos. Os poucos pagantes concordaram. O que era a galinha dos ovos de ouro, se tornou um pesadelo.

Essa metáfora serve principalmente para você que pretende abrir um negócio por conta própria e ficar rico. Leia com atenção! Escolher o ponto onde pretende montar o seu negócio é fundamental. Outros aspectos também devem ser considerados, como o poder aquisitivo dos moradores perto do seu ramo de atividade, o perfil das pessoas que passam por aquela rua, o nível de segurança do local e a quantidade de carros que por ali transita.

Com o episódio da festa, Benjamim colheu mais um aprendizado, inspirado também por Charles Chaplin. Ele percebeu que os moradores não tinham dinheiro, mas criavam galinhas, porcos e cabritos. Então, enxergou a oportunidade do seu lado e fez um acordo com a população: os ingressos da próxima festa, para famílias com até 5 pessoas, poderiam ser trocados por um frango limpo, que seria servido no evento. Já famílias com mais de 10 pessoas teriam de oferecer uma leitoa ou um cabrito para assar.

A sacada de mestre consistiu em mobilizar moradores das cidades vizinhas, em sua grande maioria, consumidores da produção das lavouras de amendoim e de algodão, que estavam a todo vapor! Os leilões de frangos, além da disputa para ganhar os assados de leitoas e cabritos, garantiram o sucesso do evento por 5 anos. Benjamim comprou carro, vestiu roupas da moda e viveu intensamente os prazeres da juventude. Ficou, na lembrança, a chegada das famosas calças Jeans e dos rádios, que também eram sorteados, durante as festas, aos moradores que mais contribuíam com os produtos dos leilões.

Benjamim conquistou duas riquezas: o dinheiro e o amor das pessoas. Mas, para ele, a maior riqueza foi se tornar escritor, poeta, jornalista, compositor, apresentador de TV e cantor.

A seguir, você vai viajar por mais algumas das poesias de Benjamim, rumo à fantástica vida empresarial e seus segredos para ficar rico.

O ARTISTA

Eu era pequeno e o meu pai já me dizia
Quando a esmola for demais, filho, desconfia
Quer ser um campeão? Corra para chegar à frente
Se não conseguir, filho, tente novamente
A minha mãe sempre falou que eu tinha que estudar
Foi um sufoco danado, mas passei no vestibular
Diploma na mão e alegria de começar a trabalhar
Mas quando me formei, meu presente foi um violão
Comecei cantando ali, para os amigos do quarteirão
Hoje canto para a multidão
O meu pai deu e ninguém tira
Meu diploma e meu violão.

POESIA PARA MÚSICOS

Ao amanhecer, adoro ver o "G"
Fico encantado com tanto brilho
Ao entardecer "A" no sertão
Trabalho até o "G" se por
Meu violão é meu companheiro
Toco em "CM" a canção do canoeiro
Na madrugada "B" o cachorro late
Pode ser o gato preto ou a porteira que bate
Meu prazer é pescar depois do turno
O peixe é pequeno, que "C", solto no lago
Como o rio, o sono é longo e profundo
Sei que os peixes grandes estão "A" na taboa
Sou violeiro, fiz uma canção na escala "D"
Pedida da Maria para agradar o padre José
Meus vizinhos fazem café e muito pão, sem "C"
"A" toco violão enquanto os amigos tomam café
"B" a tristeza do seu olhar fosse só para mim
Colheria a flor mais bela "A" do riacho, na fonte
Cantaria pra você a escala maior do meu grande amor
Caminhava juntinho em direção ao "G" do horizonte
Ela, o pôr do "G", a natureza e a música
Seu cabelo ao vento e o brilho do seu olhar
Lábios cor de rosa, ouçam-me: ela é minha musa
Uma canção em "E" para ela vou cantar (...)

A LUA JÁ FOI TERRA

Essa noite tive um sonho e na lua fui morar
O quintal cheio de estrelas
E o sol sempre a brilhar
São Jorge mostrou-me a lua
E um segredo ele me contou
E agora pra vocês, ele pediu, vou revelar
Onde tinha árvore
O Homem cortou
Onde tinha rio
O Homem secou
E ele também me disse
Lá no disco voador
Que a lua já foi terra
Que a terra já foi lua
São Jorge me revelou
Lá no disco voador
Que a lua já foi terra
Que a terra já foi lua
São Jorge revelou
Lá no seu disco voador.

A lua já foi terra

Foto: Jacqueline Kobayashi
Arte: Adailton Ragazoni

Benjamim Festa de Barretos 2019 - Vida de peão

Esta vida de peão me leva e traz
Ganhei dinheiro
Muito amor e muita paz
Esta vida de peão me leva e traz
Ganhei dinheiro
Muito amor e muita paz
Ganhei uma Land Rover em Goiás
Uma Harley Davidson em Minas Gerais
Esta vida de peão me leva e traz
Ganhei um New Beetle
Fuscão preto e muito mais
Derrubei o boi bravo campeão
Ganhei um BMW e troféu de campeão
Loira e morena, calça justa, mulherão
Não viajo mais de carro
Só de avião
Esta vida de peão me leva e traz
Ganhei dinheiro
Muito amor e muita paz
Esta vida de peão me leva e traz
Ganhei dinheiro

Muito amor e muita paz
Esta vida de rodeio, laço bom, eu tô no meio
Mulherada, cervejada
Moda boaaaa, moçada

Vida de peão

Ilustração: Marcos Senna
Arte: Adailton Ragazoni

Para escrever tantas coisas, Benjamim se inspira em diversas pessoas, como Tião Carreiro. Uma frase sobre esse grande artista, dita por outro excelente músico, chamou sua atenção certa vez:

Tião Carreiro é o mestre da viola caipira, ele é meu ídolo e também meu padrinho. Consegui entrar no mundo sertanejo graças à sua força!
Almir Sater

Se você pensa em ser o protagonista da sua vida, ótimo! Mas é necessário sair da rotina de sua indústria, de seu comércio, ou de seu escritório e ingressar, imediatamente, a uma organização ou fundação, as quais abrirão portas para sua vida social: Rotary, Lions e Maçonaria.

Nesse sentido, este livro é um importante passaporte! Quando a história nos toca, transformamo-nos em habitantes!

As folhas do livro são as escadas, a capa, o vitral do palácio encantado da nossa vida. O livro é como o soar dos sinos, o som de uma sinfonia milenar, as emoções de uma longa caminhada. É como passear no país dos sonhos, tudo isso sem sair do lugar, sentado na cadeira da varanda do tempo...

Você deve estar perguntando: para ficar rico, preciso entender de vinho, de poesia, de música, de crônica, mas não tenho dom para isso! Eu não gosto dessas coisas! Eu quero é ganhar dinheiro! Eu quero é ficar rico! Sem sua dedicação plena ao conhecimento, você pode até ganhar dinheiro, mas sem os complementos naturais da vida, não será feliz. O livro independe de talento, de faixa etária ou de classe social, pois ensina como construir a estrutura necessária para ter sucesso na vida.

Para Benjamim, sua maior riqueza consiste na arte de compor, de escrever e de viver as coisas simples. Trata-se de um complemento para poucas pessoas jurídicas, que faz as pessoas físicas extremamente felizes, assim como a boa música e a fé em Deus.

A FANTÁTISCA VIDA EMPRESARIAL E SEUS SEGREDOS

Benjamim sabe o que realmente enobrece a profissão de empresário. Suas metáforas levarão o leitor a meditar sobre suas ações na empresa. A bem-sucedida vida empresarial é notada quando os objetivos e a felicidade caminham juntinhos. O empresário precisa da iniciativa pessoal para agir por conta própria; com o decorrer do tempo, ganha experiência e coragem até se tornar livre para tomar decisões.

Em certa oportunidade, em meio a uma plateia de 300 pessoas, Benjamim falou sobre superação e sobre o hábito das pessoas — crianças, jovens e idosos. Ele questionou o motivo pelo qual algumas pagam R$10 para cortar cabelo e outras, R$60. O cidadão que opta pelo menor valor é obrigado a ouvir muitas lamentações e a conviver com o pessimismo dentro de um ambiente de trabalho com dificuldades. Já os empresários e empresárias que atuam na mesma atividade, mas que agem ao invés de reclamar, desfrutam o prazer de ganhar dinheiro e de viver intensamente os resultados da profissão.

Os bem-sucedidos mantêm sua equipe treinada, atendem aos clientes na hora marcada, possuem objetos esterilizados, toalhas lacradas e alvejadas, lavatório moldado com acento vibratório para massagear o corpo. Além disso, contam com produtos de marcas conceituadas, que conservam a beleza e a saúde do cabelo, com profissionais especializados em massagem capilar, com ambiente climatizado, entre outros "mimos", como água, cafezinho e suco, servidos por profissionais gentis, felizes e uniformizados. O marketing desenvolvido pelas marcas completa o cenário de prazer e de alegria habitado por clientes fidelizados. São esses os verdadeiros empreendedores, ou seja, os que se preocupam com a sociedade. Muitos desses começaram seus negócios na sala de casa, outros no quarto. A cabelereira de Benjamim, por exemplo, conta com orgulho que morava numa residência de quarto e cozinha atendia suas clientes na varanda. Hoje, é uma conceituada empresária no ramo da beleza.

A plateia ficou em silêncio, pois Benjamim tocou na intimidade dos empresários e, principalmente, mexeu com a vaidade deles. Esse processo de reflexão normalmente passa despercebido no dia a dia das pessoas. Quando Benjamim disse que isso pode estar acontecendo nas empresas do público, o silêncio foi ainda maior, uma vez que ele tocou na capacidade administrativa de cada participante. Enquanto o cabelereiro que cobra R$10,00 pelo corte fica lamentando sobre tudo, seu concorrente está investindo em aperfeiçoamento. Enquanto no primeiro caso a pessoa é chamada de freguesa, o concorrente a chama de cliente; enquanto um lamenta e critica, o outro reside no conforto de um condomínio e desfila de carro importado. O exercício mental negativo, quando persiste, se transforma em fracasso; o fracasso atrai mais fracasso ainda.

Da época de Jesus Cristo, que morava na Galileia, até os dias de hoje, poucas coisas mudaram! De novo, a plateia foi surpreendida. Falou-se tanto em mudanças, em transformações, que Benjamim teve de oferecer uma explicação convincente! Para tanto, aumentou o tom de voz, agora mais sustentável e seguro, pois seu desafio constitui dialogar com muitas pessoas que vivem o drama do fracasso e que se encontram no mesmo ambiente que empresários bem-sucedidos. Nesse cenário, metáforas precisam ser explicadas de maneira objetiva. E Benjamim explica! Os judeus e os gregos costumavam usar túnicas, lenços, sandálias e cintos, necessários para embelezar e proteger o corpo, o rosto e o pescoço. No mundo contemporâneo, as pessoas continuam usando roupa, não existe nenhum projeto de liberalismo para que andemos pelados! Não há a mínima possibilidade de dissolução dos costumes, pois os trajes reforçam a necessidade cada vez mais latente da evolução industrial no mercado da moda. Os tecidos continuam protegendo o corpo e enaltecendo a vaidade humana. Anteriormente, apenas os privilegiados, como imperadores, príncipes, governantes e pessoas bem-sucedidas desfrutavam desses aspectos, hoje disponíveis à grande maioria das pessoas que querem ter sucesso na vida.

Enquanto o livro tem o poder de orientar em silêncio a pessoa que o lê, a palestra é apresentada a centenas de pessoas ao mesmo tempo e seu objetivo consiste em passar impressão e expectativas positivas aos cidadãos, que precisam sair convictos de que acharam o que procuravam e, assim, aplicar os ensinamentos em suas empresas.

A vida empresarial se torna fantástica quando o empresário supera seus concorrentes. Consegue êxito o empresário que pega a maior fatia da quantia liquida que sobra de cada pessoa, depois de o cidadão pagar todos os compromissos básicos no lar, como escolas dos filhos, contas de luz e de água, lazer. Na segunda etapa, vêm as obrigações com o governo, os compromissos com impostos de todas as naturezas. Há os que costumam poupar, cautelosos, preocupados com o futuro. Só depois de todos os compromissos quitados, sejam elas físicas, sejam jurídicas, chega a vez do empresário!

Mas qual é o segredo para conquistar a maior parte dessa pequena quantia líquida de cada ser humano? Benjamim costuma citar o exemplo de um artista conhecido no mundo todo e que soube deixar seu legado de sucesso: Charles Chaplin. Adepto autoconhecimento, o artista descobriu que sua fatia de faturamento constituía no sorriso do outro, por isso, será exemplo por toda vida, uma vez que obteve sucesso em tudo o que fez e continua no imaginário popular há mais de 100 anos! Pouca coisa mudou depois de um século.

Essa disputa de milhares de empresários constitui o grande desafio para tornar fantástico o mundo dos negócios. Na região de Benjamim, existem vários empresários de sucesso, que sabem como lucrar a partir dessa pequena sobra das pessoas. O primeiro e grande segredo consiste em fixar sua marca ao nome do empresário, como Chaplin: seu rosto é seu negócio, seu corpo é sua empresa e por aí vai.

Mário Milani escrevendo uma de suas obras

Foto: Adailton Ragazoni

Benjamim, dentro de seu processo de pesquisa para escrever este livro, passou a estudar o comportamento de alguns empresários de sucesso. Em muitos casos, o produto ou a fama do negócio da empresa agrega ao sobrenome do proprietário. Um determinado empresário bem-sucedido da região se destaca perante seus concorrentes, é dono de uma rede de revenda de pneus, atende com várias lojas na sua cidade e mantém filiais nas cidades vizinhas. Qual é o seu segredo? Soube enxergar o que seus concorrentes não puderam ver, pois investiu na força e no poder das mídias (escrita, televisiva e digital). Seu nome se destaca nesses meios de comunicação e envolve, com extrema eficácia, sua atividade de forma agradável e suave, o que o faz alcançar os resultados desejados. Ele simplesmente soube atribuir, ao produto que vende, o seu nome enquanto o produto soa suavemente seu sobrenome. Acabou conhecido nos quatro cantos da cidade como Odair Pneus. Outro nome conhecido nacionalmente é o de Marcio Mesquita Serva, dono da Unimar, conceituada universidade em Marília.

Aos poucos, as pessoas de sucesso constroem seus nomes e viram destaques, pois sabem, como ninguém, os segredos do sucesso. São pessoas iluminadas que ensinam a viver, por meio da inteligência, da coragem e do talento, e colocam seus desejos e interesses para proporcionar uma vida melhor para todos. No caso da Unimar, o nome da instituição de ensino e o nome do Reitor caminham juntos, visto que ele é chamado, com respeito e admiração, como Márcio da Unimar.

Um exemplo recente consiste no dono da moderna e avançada loja de departamentos Havan. Além de ficar famoso através das poderosas mídias sociais e dos maiores canais de TV aberta, seu proprietário virou representante da classe empresarial de sucesso, mostrou seu lado corajoso, deu a cara para bater, saiu na frente quando vestiu a camisa do Presidente da República sem medo de errar, mostrou sua loja e seu rosto para os brasileiros de forma objetiva, verdadeira e eficaz. Em suma, fez o que muitos empresários têm medo de fazer: gritar para o mundo que chegou, com muita fé, estado de espírito, planos e propósito. Seus objetivos foram alcançados com força física e determinação financeira, visto que soube como ninguém usar o poder da mídia e se tornou conhecido do dia para a noite. Milhões de brasileiros não vestiram apenas a camisa de Luciano Hang, foram além, tatuaram a camisa do empresário da estátua da liberdade brasileira.

Na Capital Paulista, encontra-se a central de atendimento de uma das mais conceituadas plataformas de internet do Brasil, de propriedade de um jovem que aprendeu, na fábrica de seu pai, o segredo do sucesso. À época com 17 anos, William Marques estudante de administração de empresas, tinha que vender bonés para pagar os estudos; nem de longe imaginava o que seria de seu futuro! O nome da empresa de seu pai era simbólico: Bonés Podium. A partir do conhecimento obtido com a comercialização dos acessórios, o jovem descobriu a galinha dos ovos de ouro, o mar de possibilidades, a cachoeira dos sonhos. Em 2003, criou seu próprio software de gerenciamento e encantou milhares de clientes com seu invento de e-commerce. A empresa Tray, na qual ele exercia o cargo de diretor fundador, em pouco tempo se tornou referência no mundo digital. A internet permitiu a venda de milhares de bonés e sua invenção originou uma plataforma própria e exclusiva.

O jovem estava vivendo no ambiente de sorte, no qual descobriu seu talento. As coisas são assim: as chances estão muito próximas das pessoas, que precisam saber enxergá-las. Imediatamente sua ideia tomou conta do mercado, a expansão surpreendeu até os criadores das mais sofisticadas ferramentas do mercado de lojas virtuais. Para Benjamim, a ascensão dos vencedores no mundo dos negócios pode ser comparada à tradicional corrida de São Silvestre, pois milhares de pessoas participam da prova, porém, no decorrer do trajeto, se destacam os fortes, os treinados e os predestinados a vencer. Foi o caso de William, que soube trabalhar para chegar ao "Podium". Nem de longe imaginou que os bonés do seu pai teriam um grande significado, que alcançaria o topo. Sua plataforma rompeu todos os obstáculos e sua empresa firmou parceria com as mais avançadas âncoras do mercado digital, com isso, dominou o mercado brasileiro e a fama de qualidade abriu as portas para o mundo. O projeto saiu de uma incubadora de um centro de inovação do interior paulista e, em parceria com a Univem (Centro Universitário Eurípides de Marília, de Marília-SP), resultou em uma colaboração entre a iniciativa privada e órgãos governamentais. Tal contexto tornou o jovem William Marques um dos maiores investidores de plataforma de e-commerce do interior de São Paulo, a qual conta com centenas de colaboradores e gera milhares de empregos indiretos. A empresa está avaliada em um bilhão de reais.

As pessoas citadas como exemplos, em suas trajetórias, mantiveram o foco no objetivo, pois sabiam onde desejavam chegar. São pessoas predestinadas a alcançar o sucesso, são mentes trabalhando constantemente com uma única meta: tornar a vida empresarial fantástica; para isso, precisam estar em harmonia com a população, já que têm a consciência que dependem dos outros para atingi-la. Características como personalidade, hábitos e conhecimento constituem diferenciais no mercado. O sucesso atrai a atenção das pessoas, quando aplicado em benefício de outros.

Quando expomos nossa opinião com fé, mostramo-nos receptivos, ou seja, nosso estado de espírito visa à compreensão. Dos negócios lá dos tempos da invenção dos carros, desde o século XVIII, época da invenção dos automóveis, até o momento, o mercado continua o mesmo. Quatro rodas e um estepe! Gente fabricando para outros comprarem. Atualmente, o mercado está aberto a todas as marcas do mundo, que produzem carros cada vez mais bonitos, mas, mesmo assim, continuam com quatro rodas e um estepe. Já o mercado de acessórios cresceu assustadoramente e hoje é possível ter praticamente o conforto do lar em um veículo. Produtos como as multimídias embutidas nos confortáveis painéis e modernos dispositivos que realizam ações com apenas um toque — como trocar de música, por exemplo — contribuem com tal cenário. As leis que garantem os direitos aos deficientes, como o de comprar carros com isenção de impostos, também colaboraram com o crescimento da indústria.

Mas, com tudo isso, aonde Benjamim quer chegar? Onde os empresários precisam chegar! O mercado sempre está aberto para ampliação, progresso e modernidade. Então, quem deseja obter êxito nesse ramo precisa voltar atenção a esses itens. Na área da beleza, por exemplo, na qual se vende de tudo, a imagem da cliente feliz reflete nos imensos espelhos espalhados pelos salões. Esse mercado está sempre em evolução! O protetor solar substituiu os turbantes e os lenços. Hoje também há centenas de modelos de corte de cabelo e as cores do arco-íris estão nas cabeças das multidões que circulam pelas avenidas e ruas do mundo. Isso significa uma margem altíssima no faturamento dos famosos cabelereiros. A indústria da beleza proporcionou, ainda, o avanço das cirurgias plásticas, a expansão do número de academias de todas as modalidades etc.

Benjamim foi objetivo quando indagou aos participantes da palestra: e a sua empresa? Existem muitas possibilidades de o cabelereiro que está cobrando R$ 10 alcançar ou até ultrapassar o concorrente que cobra R$ 60. Basta que vá em busca de conhecimento, que não queira fazer tudo sozinho e que deixe de reclamar. O conhecimento vem através dos livros. É comum os palestrantes indicarem obras de escritores internacionais e brasileiros. Benjamim costuma recomendar O doutor e o empresário, de Mário Milani, e A arte da guerra, de Sun Tzu.

Mário Milani e Pedro Gelsi

Foto: Arquivo pessoal

Cada dia é diferente! Quem deseja crescer financeiramente tem que valorizar a natureza. Benjamim costuma dizer que é importante, ao sair para o trabalho, olhar para o céu, saudar o novo dia. Benjamim acredita, ainda, que os carros particulares dos empresários são como as roupas (que devem ser atuais e estar sempre limpas), já que constituem aspecto essencial no que diz respeito à imagem deles. Os carros continuam com quatro rodas e um estepe, Jesus não habita mais o nosso mundo, mais deixou o trajeto da caridade, da prosperidade, além de seu martírio exposto nas estações da via sacra. É o exemplo da força da fé e da luta para prosperar.

Quantos aos livros, você já leu sobre o maior psicólogo do mundo? Jesus deixou suas metáforas prontinhas para o cidadão inteligente prosperar e seus discípulos seguidores escreveram tudo que o mestre ensinou. O empresário bruto, sistemático, pode até ganhar dinheiro, mas sua presença não será atrativa, as pessoas enxergam seu sorriso, mas sabem que o seu coração está cheio de veneno. Suas atitudes serão vistas como a de Pôncio Pilatos, que lavou as mãos na hora da decisão por egoísmo. Assim é a grande maioria dos empresários no mundo, pois ganham dinheiro, mas são dignos de pena.

Certo dia, falando para um pequeno grupo de microempreendedores a pedido do Sebrae, composto por estudantes da escola Fatec, Benjamim questionou sobre os atalhos para chegar à frente. A grande queixa desse tipo de empreendedor remete aos concorrentes e aos preços que praticam! Como resolver esse impasse? Para Benjamim, não existe uma receita pronta, por mais que assistamos palestrantes falando sobre como ficar rico, ninguém apontou até hoje essa fórmula mágica. O que existem de fato são maneiras de se destacar nesse mundo competitivo; a solução está mais próxima da pessoa do que ela imagina. "O segredo" para abrir um comércio está na ideia, na criatividade dos indivíduos. Por isso é tão importante sempre buscar conhecimento.

Benjamim, certa vez, perguntou a seu amigo, Messias, que trabalha como vendedor nas Casas Bahia:

— Como você consegue cobrir sua cota todo mês em meio a tantas lojas vendendo os mesmos produtos?

Imediatamente ele abriu um largo sorriso e disse:

— É segredo, meu amigo!

Sem que ele imaginasse e percebesse, já tinha entregado a forma. Era o seu sorriso! O sorriso é meio caminho andado para se atingir metas, pois a dedicação e o amor ao trabalho é tudo o que os clientes precisam. Eles podem até ir a outra loja, mas o jeito de atender de determinado vendedor faz o cliente voltar. E o que Messias faz para o cliente voltar? Ele explica as diferenças da empresa na qual trabalha e porque a sua loja vende mais. Os produtos são os mesmos, a diferença é o tipo de atendimento. Mas nem tudo é maravilha. Como em qualquer profissão, os empresários podem sim ser surpreendidos e deixar de viver a fantástica vida empresarial. Isso pode ocorrer devido a uma medida econômica governamental malsucedida ou até a catástrofes ambientais, a assaltos, a doenças, a descontroles familiares etc. É nesse cenário que a literatura, a superação e o autoconhecimento devem ser exercidos nas empresas, sempre vinculados ao eixo central da organização, uma vez que tal fato pode atingir o próprio empresário, os diretores, os gerentes e os membros responsáveis diretamente pela administração. Isso deve ocorrer também ao setor produtivo.

Este livro mostra os dois lados da moeda: a confortável vida do empresário bem-sucedido e a daqueles que estão vivendo o período de crises. Quando tropeçamos nos negócios, enxergamos o fracasso. Se descobrirmos o segredo do conhecimento, ficamos mais fortes, o entusiasmo nasce da fé e a fé produz ação. A partir do momento que controlamos nossos pensamentos, aparecerão as ferramentas para administrar pequenas quantias, projetar a empresa em longo prazo, sentir o desejo de vencer, de buscar o sucesso, de disciplinar as emoções e, principalmente, de negociar com razão, nunca com o coração. Para tanto, é preciso ter a consciência de prosperidade e do poder do pensamento, o que conduzirá a pessoa a prosperar novamente.

Foram dois fracassos que levaram Benjamim a tomar decisões drásticas; o primeiro, aos 14 anos, quando precisou deixar de estudar para morar no sítio depois que seu pai perdeu o emprego na cidade. O segundo, aos 45 anos, quando houve a invasão dos produtos chineses no mercado brasileiro, que deixou os concorrentes sem opção para competir, por isso foi obrigado a começar tudo de novo. Para manter-se como cidadão brasileiro, teve de vender imóveis, conquistados com muito esforço, lidar com injustiças do governo, um verdadeiro pesadelo.

Esse exemplo ilustra bem o fato de que as empresas em dificuldade, no Brasil, não recebem o apoio dos governos municipal, estadual, nem federal, pelo contrário, as esferas do poder tiram tudo que é possível, até coisas que não lhes pertencem, em nome de uma constituição obsoleta feita por políticos comprometidos com a ilegalidade, uma das muitas angústias dos empresários brasileiros.

A salvação de Benjamim foram seus hábitos positivos, mesmo nos momentos de aflição e de mudanças profundas. Quando foi morar no sítio, a literatura deu-lhe a paz de espírito e a saúde necessárias para desenvolver ações de sucesso por onde passasse. Benjamim, lá na adolescência, enxergou o sucesso através dos livros de Olavo Bilac, de Manoel Bandeira, de Machado de Assis, de Nietzsche. Depois, conheceu as obras de Dale Carnegie, de Augusto Cury, de John Maxwell e de Lou Marinoff. Todos eles funcionam como manuais que orientam empresários a sair da zona de desconforto e de fracasso para voltarem muito mais fortes ao mundo dos negócios, além de servirem como norte para conhecer, de verdade, a fantástica vida empresarial, tendo consciência dos segredos que tornam a vida empresarial mais feliz.

Os horizontes da literatura ensinaram Benjamim a eliminar as preocupações no campo comercial, a treinar sempre sua equipe profissional, a entender importância do descanso e do conhecimento, a compreender necessidade dos exercícios físicos e, principalmente, a ir ao encontro de si mesmo. Benjamim aprendeu a viver na "era da bijuteria", experiência que, a princípio, parecia dolorosa, porém serviu como lição importante.

Neste livro, o universo livreiro tem papel fundamental, especialmente nos capítulos em que há o aforismo do grande empresário e do escritor Benjamim. Nesse contexto, a livraria do protagonista representa um lócus específico, sobre o qual ele narra histórias e cotidianos. Ao refletir sobre lugar tão diversificado, há muitas histórias a compartilhar, já que, quando uma pessoa resolve comprar um livro, ela busca sair de sua zona de conforto, desafiando-se a entrar em novos mundos.

A metáfora aqui aplicada, "viver em tempo de bijuteria", dentro da fantástica vida empresarial, serve para aqueles que perderam suas riquezas, seja por problemas administrativos, seja por questões externas, e precisaram adequar-se a uma vida mais simples, começando "do zero".

Certo dia, uma senhora, demonstrando timidez, disse, com muita tristeza, que havia vendido suas joias, devido à crise porque a empresa da família passava. Assim, teve de substituir as joias por bijuterias. Edileia, funcionária de Benjamim e acostumada a vender livros, tinha sempre uma palavra de otimismo nesses casos: a beleza e o encanto das bijuterias são como os livros, um convite a recomeçar, a exercitar a humildade, a despertar a imaginação. Assim como os livros levavam a outros mundos, a vida a estaria dando uma chance para novos olhares sobre o que havia em sua volta. Dona Mafalda levou algumas peças e foi embora muito mais otimista. Passados alguns dias, um senhor procurou por Edileia querendo comprar bijuteria, dizendo que a esposa havia elogiado muito o atendimento e as palavras, tanto que despertou a curiosidade daquele interlocutor, o qual quis conhecer o dono da loja, Benjamin.

O setor de bijuteria tinha dado certo porque as belas peças encantaram os consumidores, já que a beleza traz alegria. Por isso, a fase de bijuteria de uma empresa requer criatividade para aumentar a margem de lucros, ou seja, muitas vezes devem bolar formas de ganhar mais com o mesmo produto; às vezes também se criam novos produtos, porém o objetivo é cortar custos e aumentar as margens de ganho. Não julgamos a pessoa pelas joias, pois, muitas vezes, usam um relógio como joia, assim como as empresas podem transformar os momentos de bijuteria em joias valiosas. Faz-se necessário, porém, observar as oportunidades em longo prazo.

Quando há uma crise, a empresa precisa reinventar-se e criar formas de comunicar-se com seu público-alvo. O grande segredo é desenvolver a cultura do convencimento, por meio de argumentos fortes, que levem o consumidor a acreditar naquele produto, de uma forma nova. É como os exercícios físicos que fazem bem à saúde, o sucesso financeiro traz prosperidade.

Você não enganará o cliente, mas sim venderá argumento tão poderoso como o ouro. Quando falamos em sensação, quer dizer que estará convencendo seu cliente a ter a sensação de poder, de brilho, de beleza e, principalmente, de segurança. Em momento algum você vendeu ouro para a pessoa, mas sim bijuteria, com seu empolgante poder de persuasão. Tal comportamento significa cumprir metas, alcançar seu objetivo, que é convencer outra pessoa, em época de crise, que soluções existem e que o grande segredo é aprender a lidar com pequenas quantias, estabelecer planos. Em época de crise, é importante ouvir a opinião de profissionais, assim como quando Benjamim perdeu a batalha para os produtos chineses, momento em que seu advogado teve papel importante no restabelecimento da empresa.

O momento de crise é um convite para um tempo precioso de conhecer seu potencial, sua intimidade, de como aproveitar o seu silêncio, ouvir seu coração, testar sua capacidade de superação, aproveitar as coisas guardadas. Como no exemplo do relógio, que pode ficar guardado um tempo, mas, ao "receber" uma pilha nova, volta a funcionar, ou seja, há novas soluções em artigos antigos. Você pode usar o relógio como ouro e ficar nas alturas. Como estar preparado para essas alturas? Livros são o caminho do sucesso, podem ser caminhos para apegar-se à fé, para enxergar a importância do outro para crescer, para entender, para perdoar.

Quando Charles Chaplin disse que precisava do sorriso do outro para ser feliz, procurava o ouro no que as pessoas têm de mais precioso. E para conseguir o que procurava, ele precisou trabalhar, estudar, criar e soube como ninguém extrair, da sua época de bijuteria, fortunas, deu para as pessoas alegria e com isso fez o sorriso das pessoas brilhar como o ouro. Manoel Bandeira escreveu: "A sequência de erros imortalizou o artista Charles Chaplin". Quando vivemos momentos de crise, usualmente, procuramos os ensinamentos que cada situação impõe e não tem outro caminho, já que devemos aprender com erros. No caso das empresas, o raciocínio é o mesmo para continuar com os negócios. Se desistirmos, a crise nos leva ladeira abaixo, por isso, precisamos nos renovar e olhar as coisas por novas perspectivas. Chaplin ainda faz as pessoas rirem de alegria; o empresário precisa fazer o cliente chorar de satisfação.

A história é escrita por vencedores

George Orwell

Quando li esta frase de G. Orwell entendi por que os vencedores têm a coragem de falar sobre seus fracassos. A população gosta de saber dos fracassos muito mais do que das vitórias. No começo deste capítulo, falamos dos empresários corajosos, pé no chão e exemplo de sucesso.

— Ouvi de minha gerente de compras pelo interfone que o Gustavo, representante de joias, estava com um mostruário de bijuterias muito bonito — disse um funcionário.

— Como! Gustavo vendendo bijuteria? — questionou Benjamim.

— Posso pedir para ele subir? — imediatamente.

— Que história é essa, meu caro? O maior vendedor de joias do mundo vendendo bijuterias?

— É, caro amigo! São as voltas que o mundo dá; quando menos

se espera, somos surpreendidos por gente do mal; sofremos um assalto daqueles que só vemos no cinema.

— Com todo aquele aparato de segurança, como foi possível?

—Dizem que as quadrilhas são organizadas, agora, sabemos que realmente são pensadores capazes de surpreender até os famosos arquitetos, até o serviço de inteligência. Estamos no quinto andar da galeria, você conhece bem nossas instalações com toda segurança física, alarmes e câmeras de primeiro mundo.

— Se conseguiram roubar aquela fortaleza, nós estamos de portas abertas aqui no interior! — frisou Benjamim.

— Para esses tipos de bandidos, não há lugares seguros! Quem poderia imaginar que descobririam que o fundo dos elevadores faz fundo com a parede do cofre? Renderam os vigias do Shopping em uma madrugada de sábado e bastaram duas horas para que levassem uma fortuna em joias, o suficiente para deixar toda a organização em apuros financeiros. Fizeram um trabalho de mestre: travaram o elevador no quinto andar com as câmeras cobertas, tiraram o fundo do elevador, quebraram a parede com facilidade e o próprio elevador serviu de transporte. Quem imaginaria que alguém planejaria uma aventura dessas. As câmeras não registraram um só movimento dos bandidos, apesar de estarem por todo o andar, mesmo a tecnologia cheia de segredos, o laser de primeira geração na entrada, todos esses aparatos não foram suficientes. E por quê? Os assaltantes usaram o fundo do elevador, que deu acesso ao interior dos cofres em local onde não havia câmeras de vigilância, para não atrapalhar a intimidade dos clientes do cofre. Nem sinal dos bandidos até hoje.

E continuou:

— Agora, estamos vivendo uma profunda crise na empresa, já que o valor do seguro serviu apenas para o acerto com funcionários e houve demissão em massa. Ficaram apenas alguns representantes e um pequeno grupo na administração. Além disso, para piorar, vivemos momentos de crise econômica no país.

Depois da conversa, Gustavo saiu abalado da loja, com um pedido modesto, feito mais para justificar sua visita. Naquele mesmo dia, inspirado pela conversa intensa, Benjamim marcou uma reunião para discutir a profunda crise pela qual o país vivia naquele momento.

A pessoa que não tem o domínio do presente, não pode sonhar em controlar o futuro.

Pierre Bourdieu

Benjamim contou, com detalhes, a reunião com Gustavo. O assalto à relojoaria, o "cantar do galo de ouro", do qual o representante acabara de sair, serviu para abrir seus olhos. De um fato trágico, enxergamos a realidade do mercado, a qual, no fundo, significa que, hoje, tudo é descartável, o ouro não se ostenta mais, como nas relações, cada vez menos profundas.

Luís Bernardoni entrevista Mário Milani em noite de lançamento

Fonte: arquivo do autor

Como o homem influente que é, Benjamim constantemente é convidado para dar entrevistas em canais de televisão de diversos segmentos. Atualmente, como os canais por assinatura já são mais acessíveis, muitas pessoas de Marília os possuem, por isso, boa parcela da população conhece Benjamin e seus comentários culturais e literários. Nesse sentido, do ponto de vista cultural,

Benjamim faz parte de um elenco de pessoas influentes. Frequentemente, é convidado para participar de programas voltados à literatura, ao meio ambiente e ao marketing publicitário, especialmente. Desse modo, acaba atraindo mais público para a livraria, principalmente jovens estudantes e crianças nas companhias dos pais, em busca de novidades.

Como em outros setores da comunicação e da cultura, a livraria de Benjamim é um projeto de reflexão sobre os livros, sobre os instrumentos musicais, bem como de atividades culturais. Dessa forma, Benjamin acaba agregando muito valor ao unir leitores interessados a artistas que se apresentam no local, o que o torna uma atmosfera cultural enriquecedora. Apesar do sucesso nos negócios, Benjamin aprendeu a alimentar a humildade, por isso, adora contar uma história engraçada, também compartilhada pelo amigo, o cantor e apresentador, Laerte Marques.

Em conversa entre Laerte e Eraldo, um bem-sucedido luthier e comerciante de instrumentos musicais da cidade, o cantor falou que precisava entrevistar uma pessoa influente na cultura da cidade. Eraldo, rapidamente, indicou Benjamin no momento em que acabara de lançar seu livro com foco socioambiental e na reforma agrária. Após o contato com a secretária do livreiro e empresário, Laerte marcou a entrevista no programa que acabara de estrear no Canal 9 da rede local. Como Benjamim não dispensa oportunidades e atende ao pedido de muitas pessoas interessantes, aceitou na hora. O programa foi um sucesso em vários aspectos, mas bastante em razão da divulgação do livro Fazenda do estado, lançado naquele ano e premiado em São Paulo com certificado de reconhecimento nacional, oferecido por vários segmentos do governo federal.

Surpreso com a repercussão do programa, o apresentador agradeceu a indicação feita pelo amigo Eraldo, o qual, em virtude do sucesso do programa, se tornou um patrocinador do cantor e apresentador. No processo de observação, esse é um dos exemplos que mostra como o trabalho sério agrega valores. Após repercussão positiva, Laerte decidiu ajudar Benjamin a publicar seu livro pela cidade, sem saber, porém, que ele não precisaria de auxílio, especialmente, nesse quesito, já que é proprietário de livraria e empresário bem-sucedido. Muito provavelmente, Laerte pensou que Benjamin era um estereótipo de escritor (fracassado), que anda com seu esboço debaixo dos braços, batendo de porta em porta para ser publicado, ou aqueles independentes em que insiste vender livros autorais para os amigos.

***

Depois de um tempo... inverno suave de 2010:

Manhã de sábado cinzento, sol acanhado, vento forte, um rapaz com boné preto, de pequena estatura, toma um chocolate quente no balcão para se esquentar, em companhia de Rogério, o vendedor de instrumentos musicais. Laerte é daqueles artistas aventureiros, que gosta de atravessar fronteiras. Havia deixado a capital recentemente e escolheu Marília depois de uma pesquisa profunda sobre interior. Naquele bate papo, o cantor revela a Rogério que estava muito acanhado dentro da loja de Benjamim.
— Mas por quê? — Rogério perguntou surpreso. — Você é um artista e aqui é o reduto de vocês.
— Sabe o que é Rogério? Eu entrevistei Benjamim no meu programa de TV e espalhei para muita gente que ajudaria o escritor, pensei ser mais um sonhador em busca de fama. Nem de longe imaginei ser ele o dono desta imensidão de loja, eu devia ter pesquisado melhor sobre as atividades de meu entrevistado, pelo que estou vendo ele não precisa de ajuda, pelo contrário, olha o tamanho da loja! Claramente, é um homem abastado, por isso que estou chateado, julguei-o de forma errônea, como todo julgamento.
— Vou chamar Benjamim! — falou Rogério.
— Não faça isso, eu volto outro dia! — disfarçou Laerte.

Sorrindo, Rogério enfatizou:
— Benjamin vai adorar essa história!
— Benjamim, está aqui mais um cantor para abrilhantar as manhãs culturais de sábado — comentou Rogério, ao bater na porta do escritório do chefe.
— Que surpresa agradável! — disse Benjamim, recebendo, de braços abertos, o agora amigo, Laerte.
— Vim conhecer sua loja — disse, empolgado, Laerte.
— Rogério, ao sair para atender clientes, disse, sorrindo: — conta para ele a história que acabou de me falar, Laerte!
— Ok. Benjamim, contei para uma série de amigos que ajudaria a divulgar o seu livro, mas, nem de longe, imaginei que você já possuía toda essa estrutura. Eu devia ter sido mais cuidadoso e pesquisado mais sobre a sua vida, me desculpe, por favor — acanhado falou Laerte.
— Meu caro amigo, todos nós precisamos de amigos! Veja bem, o que seria do escritor Paulo Coelho se não fosse o seu amigo Raul Seixas? O que seria do escritor se não houvesse a mídia, os jornais para divulgar sua obra? Todos nós dependemos do outro, em algum momento, sou eu quem devo agradecer o convite para a entrevista no seu programa.

À medida que Benjamin foi se abrindo e falando, Laerte foi se soltando e revelando mais sobre si, sobre sua forma de pensar o mundo. É como na loja, a filosofia de trabalho consiste sempre em avançar, em harmonizar livros e instrumentos musicais, em inovar e distribuir sinergicamente produtos da melhor qualidade, seguindo o sofisticado método de atendimento.

O cantor Laerte Marques chega ao momento que está em curso a construção de um estúdio de gravação. O cantor possui uma vocação profissional completa: é compositor, arranjador, instrumentista e técnico de gravação. A loja está empenhada em contribuir para a propagação da educação musical com a participação dos maiores fabricantes de instrumentos musicais do país. Benjamim acredita na sua missão de empreendedor mercantil, o livro muda as pessoas, a música ilumina a vida das pessoas. Estudos da vida moderna têm declarado no seu histórico cultural que o livro é um produto final, para o começo de qualquer atividade de sucesso.

O cantor Laerte Marques e Mário Milani em noite de lançamento

Fonte: arquivo do autor

O diálogo entre o produtor e o compositor resultou em uma esplêndida parceria produtiva no campo da música de estúdio. Benjamin, apesar de ser um distribuidor de instrumentos musicais, nunca havia feito qualquer tipo de ensaio em estúdios profissionais. Quando Laerte inaugurou o estúdio nas dependências da loja, convidou Benjamin para fazer o teste inicial dos trabalhos. A ligação entre os artistas foi fundamental. Naquele contexto do encontro dos dois amigos, Laerte vivia seu momento bijuteria, estava em busca de um espaço na cidade e, quando encontrou guarida na loja de Benjamin, percebeu que ali floresceria um ambiente rico e cheio de cultura.

Ao longo da experiência, muitas partes distintas se juntam, por isso, essa nova visão cultural literária e musical cria sentido e contribui em muito para o movimento da loja no tocante às gravações ao público mais diverso e, principalmente, para o aumento de venda dos instrumentos musicais. Não demorou e Benjamim começou a interpretar suas próprias composições, sendo o pioneiro em lançar livros com CD anexo com músicas extraídas da história dos personagens.

Nas gravações, Laerte torna-se um verdadeiro ouro da comunicação entre os artistas profissionais, aqueles que são as celebridades da arte, músicos que colocam suas habilidades instrumentais nas gravações. Foi ali que Benjamim confirmou a fantástica vida empresarial e seus segredos.

Quando a vida deixar de sorrir pra você, as coisas fugirem ao controle, faça como Charles Chaplin: procure nas pessoas o que elas têm de mais precioso: o sorriso.

Mário Milani.

O empresário agressivo, rústico e sistemático é como o político corrupto: pode até ganhar dinheiro, mas sua presença não será atrativa. As pessoas até enxergam seu sorriso, mas sabem que o seu coração está cheio de veneno.

Expedição Varpa

Você, leitor, que chegou até aqui, viveu intensamente as alegrias e as tristezas de uma imensa livraria. A partir de agora, viverá outra aventura cultural, desta vez, percorrendo ruas deliciosas ao amanhecer, ao escurecer e ao anoitecer, em um distrito de rara beleza rara.

Nossa marcha, coletânea dos textos revolucionários do poeta russo Vladimir Maiakovski, nascido em 7 de julho de 1893, desperta o interesse de Benjamim em conhecer o distrito de Varpa, situado a 23 quilômetros da cidade de Tupã, interior do estado de São Paulo. Em outra obra, os textos inusitados e extraordinários, como "O ramo da roseira brava que cravou espinhos na sua face", inspirado na neblina, a qual ele enxergava como algo mais brilhante que o céu, retratam Maiakovski, então aos sete anos, às rondas nas matas a cavalo com seu Pai. A gota d´água para Benjamim passar a se aprofundar nas obras do autor foi o trecho: As matas se cobrem de ouro e de purpura, o sol já refulge nos cimos de igreja. Espero, e os dias se perdem nos meses, centenas de dias sem fim.

O por do sol em Varpa/SP

Foto: Adailton Ragazoni

A literatura de Maiakovski levou Benjamim a passear pelo patrimônio, a comer salgados na padaria, a observar as construções típicas, a conhecer as cachoeiras, as margens do rio do peixe, a caverna, e a saber toda a tradição do povo da Letônia, através da apresentação eficaz de Lucia Zalit, diretora do Museu dos Pioneiros de Varpa.

Imigrantes letões, de almas sensíveis, desbravaram as matas existentes para construir suas casas e uma igreja para o enriquecimento espiritual. Nesse sentido, é possível realizar uma viagem de sonhos, da mais fina arte, deixada pelos pioneiros, que permanecem vivas em cada canto do local no interior paulista. O vilarejo revela sentimentos de diversas passagens dos costumes e da sabedoria do povo letão.

Aqueles que tiverem a oportunidade, têm de passar pela Expedição Varpa. Com certeza, de tempos em tempos, os visitantes voltam a ela, pois a energia adquirida através do pôr do sol, das cachoeiras e da sedução mística da expedição, constitui o começo da força extraordinária, independentemente do desejo de cada um. Em vista da obsessão da sociedade brasileira em busca de riquezas, o lugar tornou-se uma necessidade àqueles que buscam a paz sem muito esforço.

Placa na entrada do Museu dos Pioneiros Letos, em Varpa-SP

Foto: Adailton Ragazoni

A mais alta preocupação dos empresários Junior e Larissa, fundadores da Expedição Varpa, consiste em garantir a sintonia para seus clientes junto à natureza. Nessa busca permanente, aparecem Jaffar e Samara — responsáveis pela cozinha — que, juntos, definiram a forma contemporânea sobre o conforto espiritual junto à natureza. Com eles, as pessoas ao seu redor tornam-se alegres e as comidas são saboreadas com prazer, visto que cada refeição completa a razão e a intensidade de uma vida plena e feliz. Muito do que se conhece do local provém da cultura letã. As ferramentas, a literatura, os trajes, as pinturas penduradas nas paredes e as fotos constituem registros do inventário do museu local, prato cheio para as tardes livres dos clientes da expedição. O objetivo é fornecer a paz para quem busca o sentido da vida. A explosão de criatividade dos membros responsáveis resultou em um nível máximo de excelência para a região. A participação de poetas, de escritores, de psicólogos, de artistas, de arquitetos, de ambientalistas, de dramaturgos e de filósofos estimula o livre pensar. Os pacotes turísticos são místicos! O mais longo chega a uma semana, tempo suficiente para que os turistas retornem aos seus lares com a imagem de que a vida tem que ser vivida e compensada com os poderes que a natureza coloca, todos os dias, à nossa disposição. A busca do ideal determina padrões como equilíbrio, proporção e harmonia junto à perfeição do lugar.

Os letões tinham rico conhecimento religioso, o qual pode ser notado através dos membros da expedição. 40% dos leitores que viveram intensamente as atividades da livraria têm a possibilidade de viver e fidelizar a Expedição Varpa. Os 30% que passaram pela livraria terão a oportunidade de estender o conhecimento e o prazer das maravilhas do lugar. Já os 30% que não tiveram a oportunidade de conhecer a livraria não podem perder esse ramal cultural espiritual da Expedição Varpa, para não se arrepender para sempre, como aqueles que não passaram pela livraria. A história só é contada por quem viu, sentiu e viveu a intensidade contida nos lugares que reúnem pessoas com o sagrado propósito de ensinar que o fruto só será colhido no momento certo.

A Viagem

Após o café, os viajantes, enfileirados, caminharam até o ponto de partida, com o sol na altura das 10h. O caminhão de transporte até o destino da primeira parada é de carroceria aberta, equipado com cadeiras fixadas no assoalho. O estranho visual do modelo médio com vidros escuros de carroceria aberta assusta os visitantes. Essas pessoas foram identificadas e selecionadas no grupo único no momento da inscrição pela internet. Os panfletos virtuais deixam a grande maioria ansiosa para viver a intensidade do ambiente amoroso e saudável rumo à Pousada Graciosa.

Caminhão de passeio em Varpa-SP

Foto: Adailton Ragazoni

A velocidade é de 10 km até a primeira parada na ponte do rio do peixe, trajeto que corresponde a 20 minutos. O silêncio toma conta e nada é monitorado, afinal, estão todos sozinhos, segurando firme na carroceria. Além disso, o motorista não tem contato com os visitantes e o chacoalho do veículo, mesmo na velocidade mínima, gera medo nas pessoas tornando muito divertido. Tal situação é idêntica a uma montanha russa, ou seja, o conforto não predomina, visto que, após a partida, cada um se segura como pode; não tem para onde correr. Os pneus são preparados para levantar poeira, provocando certo desconforto, principalmente para as mulheres. A poeira deixa seus cabelos avermelhados de proposito tudo é motivo de risos.

Ao chegar à primeira parada, na ponte sobre o Rio do Peixe, um rapaz alto, com músculos fortes (em razão da lida pesada com os barcos e com a manutenção das trilhas), estava à espera dos viajantes

— Meu nome é Teodoro, mas podem me chamar de Téo, sem h. Tenho a relação de todos e vou ler em voz alta para que entendam o motivo de estarem aqui. É importante lembrar o nome dos companheiros no local ao qual nos dirigiremos. Me corrijam se tiver algo errado com o nome ou profissão.

— Doutor Antônio Alcantara de Alencar. Profissão: médico anestesista.

— Presente!

— Benedito Tavares Benigno. Profissão: engenheiro civil.

— Ok.

— João de Albuquerque da Silva. ocupação: político.

— Ok.

— Luzia Junqueira Neves. Profissão: comerciante de roupas.

— Presente!

— Mário da Silva Quadros. Profissão: escritor.

— OK. Detalhe: meu nome está escrito com acento?

— Não.

— Corrija, por favor. Obrigado!

— Oswaldo Nunes Oliveira. Profissão: representante comercial.

— Por gentileza, meu nome está escrito com W?

— Sim.
— Obrigado.
— Nilton de Jesus Almeida. Profissão: empresário do ramo imobiliário.
— Presente!
— Sonia de Alencar Abreu. Profissão: professora e artista plástica.
—Presente!
— Vanda Cardoso de Mello. Profissão: cuidadora. Seu nome é com W?
— Não, é com V mesmo. Obrigada.
— Zelinda Borges da Silva. Profissão: assessora política.
— Posso escolher com quem vou no caiaque?
— Não, são regras da expedição. Sua companhia será o seu leme.

Depois da lista dos presentes, Téo afirmou:

— A partir de agora, vou sair na frente como guia, sozinho, no meu caiaque. Cada um de vocês conduzirá um leme, o que será muito divertido! O segredo consiste na paciência, visto que são cinco quilômetros de rio abaixo. O trajeto é o suficiente para cada um mostrar autocontrole, nesse sentido, faz-se necessário aproveitá-lo ao máximo. Para tanto, terão de conduzir o caiaque e, ao mesmo tempo, observar as belezas naturais do lugar. O objetivo maior desse passeio, mesmo com as dificuldades com o caiaque, é o de possibilitar a visualização das oportunidades à sua volta, pois elas se encontram onde menos esperamos. O destino de vocês não é diferente da água que corre para o mar, visto que a busca da felicidade e a vida constituem uma estrada só de ida, portanto aproveitem as belezas do criador. Vamos lá, coloquem os coletes e boa viagem. A união e o companheirismo também fazem parte da trajetória! Entendido?

Os primeiros quilômetros constituem verdadeira tragédia, já que os condutores estão perdidos e se atrapalham com os lemes. O início do trajeto consiste em uma verdadeira festa de gargalhadas e de algazarras no meio do rio. Passado algum tempo, descobre-se a delícia de comandar um caiaque nas belas margens, com frutinhas vermelhas, flores de brejo, traíras desfilando lentamente nas curvas escuras entre os galhos caídos dentro do rio, lambaris e tambiús disputando alimento na água cristalina, além de muitas espécies e variedades que a natureza coloca de forma inteiramente gratuita ao nosso dispor.

Passados o sufoco, o medo e o desespero do início, todos queriam mais! Porém tal confiança só veio no trecho final do primeiro trajeto.

— Guardem tudo o que aconteceu e o que viram, pois vão precisar dar explicação nas próximas etapas a outras pessoas. Entendido? — disse Téo.

E prosseguiu:

— Agora, vocês terão a oportunidade de se refrescar e de tirar a poeira dos cabelos nas deliciosas cortinas de água da cachoeira. É permitida a entrada com roupas, mas tirem os calçados, para sentir o frescor. Aproveitam ao máximo a cascata, pois, daqui pra frente, vamos caminhar sobre o leito do rio. Essa constitui uma aventura curta, então desfrutem da vegetação à beira rio. Como não é preciso saber nadar, aproveitem a energia da água cristalina, estarei por perto para qualquer emergência! Se soltem, afinal, estamos em um grupo de aliados no meio da mata!

Cachoeira em Varpa-SP

Foto: Adailton Ragazoni

Todos estavam muito atentos às palavras do guia, que continuou com as instruções:
— A partir de agora, vocês matarão a sede apenas nas minas das pedras. Podem ficar tranquilos, trata-se de água potável, controlada pelo laboratório da Expedição Varpa, por isso, bebam-na à vontade, lavem seus rostos, molhem suas cabeças, já que tais ações fazem bem ao corpo e, principalmente, ao espírito. Caminharemos tranquilamente pelas trilhas, não se preocupem com os insetos, fazem parte da natureza, desse modo, são inofensivos. Além disso, os macacos adoram acompanhar nossa caminhada!
Mais adiante, Téo voltou a conversar com os viajantes:
— Chegamos à segunda parada!

Guardem bem este lugar, visto que retornarão outras vezes durante a semana. Bom, agora ficarão a sós por uma hora. Virão duas jovens para conduzir esse processo de sacrifícios, que vale a pena! Para compensá-los pelo esforço, o chef Jaffar preparará um banquete! Mas, antes, terão uma tarefa difícil!
— E se aparecer um animal selvagem? — disse, aparentemente com medo, dona Vanda!
— Pode ficar tranquila, é tudo monitorado por câmeras, ou seja, vocês não estão sozinhos. Não saiam deste espaço, curtam ao máximo as flores e os arbustos do imenso jardim. Caso sintam sede, podem beber a água do chafariz, é potável e tratada! — disse Téo.
O guia, então, se despede da expedição e sai a galope num bonito alazão por uma das trilhas. Sônia, a artista plástica, comenta com Benedito, o engenheiro:
— Se soubesse, traria meu kit de pintura, visto que são muitos pontos de fuga para ilustrar uma bela paisagem, inspiração é o que não falta nesse paraíso!
O engenheiro acrescenta:
— Se estivesse com meu celular, fotografaria tudo, pois preciso de elementos criativos! As pessoas querem se sentir próximas à natureza, mesmo no interior de suas casas.

Cachorros brincando
Varpa-SP

Foto: Adailton Ragazoni

De repente, surgem dois cachorros lindos, brancos, da raça border collie: Panda, o pai, e Hunter, o filho, o qual todos queriam abraçar. Tratavam-se de dois animais "preparados" para se enturmar com facilidade! Os festeiros cachorros normalmente chegam antes das monitoras.

A trilha

— Boa tarde, eu sou a Sabrina.

— E eu sou a Melissa.

— Já se aproximam das 13 horas, com certeza, estão com fome! Vamos caminhar por mais 30 minutos. Bebam muita água, pois o trajeto tem subidas e muitas barreiras até a próxima parada. É necessária muita determinação, afinal, estamos em uma empreitada em busca da felicidade. O sacrifício consiste em uma das dadivas da felicidade, ou seja, não há felicidade sem sacrifício! Lembrem-se: o rosto se torna feio quando ficamos zangados! Um rosto amargurado envenena o coração, e um coração cheio de veneno jamais terá alegria. Precisamos saber usar o poder da respiração para a próxima tarefa. Eu, Sabrina, vou à frente e, no final da fila, estará a Melissa.

E prosseguiu:

— Aviso: no trajeto, não tem água, para tanto, aprendam a respirar com o nariz. Evitem respirar pela boca e conversem apenas o necessário. Vamos fazer alguns exercícios de superação e

preparo para o desafio morro acima. Os obstáculos são muitos: aranhas imensas nas teias entre árvores, ramos espinhosos, barreiras de galhos, pedras lisas, barrancos úmidos etc.
Ao ouvir tais informações, o político, um dos turistas, quis desistir de seguir a trilha. Sabrina afirmou que um bom político precisa enfrentar desafios, do contrário, não será bem votado!
— Falta muito? Vou desmaiar — pergunta Zelinda.
Estamos chegando, mais cinco minutos! Respira fundo e repita: sou forte, sou capaz, vou chegar!
Morrendo de sede, os viajantes avistam a bica com água potável e cristalina correndo entre as pedras, o que significava o final da caminhada. Exaustos, os viajantes bebem compulsivamente e se deitam sobre a relva em volta da fonte.
— Despedimo-nos aqui! A próxima etapa será conduzida pelas irmãs Marcela e Ana Júlia. Obrigada pela companhia de todos na caminhada desafiadora, foram muito bem, estão preparados para a luta no dia a dia. Independentemente das profissões de cada um, precisamos ser fortes e predestinados a enfrentar os medos da doce e bela vida que Deus nos deu. Abraço a todos!
— Marcela, vamos almoçar desse jeito? Estamos imundos, suados, horríveis!
— Claro que não! Suas malas estão nos apartamentos da pousada, terão uma hora para se cuidar. Ana Júlia está com a lista e conduzirá cada um a seus aposentos. Podem acompanhá-la.

Pousada em Varpa-SP
Lugar para reflexão, o próprio silêncio é digno de uma oração

Foto: Adailton Ragazoni

— Olá, sejam bem-vindos! Me acompanham até a Pousada Graciosa. As damas ficarão juntas nos apartamentos duplos e cada um dos homens terá seu apartamento individual. Fiquem à vontade, daqui a uma hora, a Samara os levará até o banquete preparado pelo chef Jaffar.

Bem arrumados e com muita fome, os viajantes sentam-se nas confortáveis cadeiras almofadadas. A imensa mesa na varanda do espaço gourmet consistiu no placo de um verdadeiro almoço dos príncipes ao ar livre. Após a oração feita pela administradora Samara, aparecem os empresários Junior e Larissa. Em apenas dois minutos, relatam a importância da presença de todos e informam sobre os palestrantes que conversariam com os viajantes no dia seguinte. Felizes, os turistas recebem a notícia da tarde livre para conhecer as belezas do patrimônio e suas magias oriundas da Letônia. Foi uma caminhada pesada, mas que compensou, pois, após esses passeios, todos terão energia suficiente para enfrentar o dia a dia.

As noites dedicadas às palestras, aos passeios e ao conhecimento, encerraram a trajetória das 10 pessoas vindas de diferentes localidades do Brasil. Todos voltaram muito melhores do que quando chegaram. Antes, deixaram os depoimentos extraídos de cada momento vivido na expedição da Letônia. Os bilhetes escritos sobre as árvores foram arquivados no livro de ouro da pousada, disponível no portal da Expedição Varpa.

Mário Silva Quadros, escritor, afirmou:

— Saio deste lazer e aprendizado fortalecido. Vendi livros, declamei poesias e cantei para os convidados ao escurecer na fogueira. Na hora do almoço, minhas poesias deixavam os alimentos mais saborosos. As palavras e as rimas constituíram alimentos para a alma. Quando chegamos à pousada, não tínhamos noção da grandeza dos valores naturais existentes no santuário cheio de pássaros, de árvores e de plantas. Aqui, sinto o silêncio possível

para compor. Um lugar onde sentimos a presença de Deus, por isso, somos mais felizes aqui, o que aumenta a nossa fé nos estudos e nos negócios. Este local evidencia a certeza de que somos filhos de Deus. Aqui, conseguimos ser aquilo que almejamos, a autoestima vem à flor da pele. As crônicas motivacionais impulsionam o desejo de ser útil ao próximo e de executar as tarefas difíceis. A árvore da minha vida tem canção!
Meu pé de Cedro, lembranças do meu pai, das poesias e das canções que se vão.
Mário da Silva Quadros.

Antônio de Alencar Benigno, médico anestesista, afirmou que os palestrantes o fizeram acordar para vida: — Sou responsável por vidas todos os dias nos hospitais. Estou envergonhado com minha atuação como anestesista, aprendi que estou dando muito pouco ao meu semelhante. Tudo o que praticamos sem responsabilidades germina em nossa mente, cresce e retorna com muita força. A droga estava tomando conta da minha mente, não estava sendo honesto e nem ético com meus amigos médicos. Além disso, colocava em risco toda a equipe. Saio daqui renovado, já que tenho nas mãos o poder de salvar vidas através da minha profissão, mas estava seguindo um caminho sem volta e, por muito pouco, não destruí a minha vida e a de outras pessoas usando o conhecimento como droga. Esse lugar me fez renascer como pessoa e profissional! A partir de agora, serei o profissional que meus pais sonharam e vou tentar salvar meu casamento. Não sou poeta, porém me arriscarei no jogral da árvore que escolhi.
Cabriúva linda, Cabriúva é tão bonita, que parece uma uva!
Antônio de Alencar Benigno.

Já Benedito de Alcantara Tavares, engenheiro civil, afirmou:
— Bom, cheguei tarde à expedição. Tive a sorte de ser escolhido como secretário de obras pelo prefeito da cidade onde resido. Infelizmente, a imaturidade e o assédio do dinheiro fácil me lev-

aram à exoneração. Minha oportunidade de progredir me levou a regredir, não enxerguei a tempo que as pessoas sem ética lhe oferecem falsas oportunidades de riquezas. Aprendi aqui, neste curto prazo de tempo, que nem tudo está perdido! Sou humano, posso tornar-me forte e lutar contra os erros cometidos. Tive a oportunidade de receber o maior cargo existente da minha profissão devido à minha dedicação sincera ao estudo, mas não soube fazer o mesmo como técnico político. Entendi, aqui, que ser uma pessoa útil ao mundo constitui o verdadeiro conhecimento e que a riqueza vem de Deus.

O milagre do amanhecer,
a alvorada, a aurora,
o nascer da majestade:
o Sol

Foto: Adailton Ragazoni

E prosseguiu:

— Tive a oportunidade de ser generoso e não pude, perdi a chance de ser famoso, fui fraco, mas, agora, tenho a chance de ser vitorioso. As duas noites que dormi na barraca, apesar do conforto, me fizeram sentir o mal que fiz às pessoas carentes que me procuravam para ampliar sua casa e, por muitas vezes, recebiam, como resposta, que o processo seria dificultoso. Bom, no meu caso, a árvore escolhida simbolizará um exemplo, para que eu não cometa mais erros.

Não tenho a mínima ideia do seu nome, Pindaíba, só sei do seu significado.

Benedito de Alcantara Tavares.

João de Albuquerque da Silva, o político, afirmou:
— No meu caso, a permanência de uma semana na expedição veio tardiamente. Foram poucas as minhas oportunidades de fazer cursos, de frequentar palestras motivacionais e de ler. Sorte ou azar, fui eleito vice-prefeito de minha cidade com pouca diferença de votos. Longe das habilidades políticas, sou sistemático e muito exigente, visto que briguei com o prefeito no primeiro ano de mandato. Dizem que as pessoas honestas em política não são bem-sucedidas, espero ser compensado de outra forma até o final da minha participação no ramo. Aprendi, nessa minha primeira oportunidade de confinamento, o segredo do sucesso: ouvir mais e falar pouco. Na política, tudo tem que ser projetado e discutido, pois não chagaremos a lugar algum sozinhos. Saio convicto de que não basta ser honesto sem produtividade, ético sem criatividade e eficaz sem estudo. Se eu quiser continuar na carreira, preciso procurar um cientista político. Escolho a árvore símbolo da minha trajetória como inspiração ao poema.
Ipê roxo, de você, só tenho a grossura. Vejo, em ti, o tamanho da minha ignorância.
João de Albuquerque da Silva.

Luzia Junqueira Neves, comerciante de roupas, disse:
— A riqueza me deixou sem rumo. Passei a mão na cabeça do meu único filho no momento que tinha que dar castigo. Fiquei cega e surda para as reclamações das minhas filhas. Compreendi, ainda, que o dinheiro fácil também acaba rápido. Filhos de ricos acabam falindo os pais quando não seguem as virtudes rotineiras da família. Não demorou para meu filho, Rodrigo, se envolver com drogas. Isso ocorreu aos 17 anos. Depois, vieram as clínicas de recuperação, os psicólogos e os psiquiatras. Tudo isso levou nossa família à falência. Mergulhado na depressão, meu marido morreu de desgosto. Depois de cometer dois assaltos, Rodrigo pegou 10 anos de prisão em regime fechado. Fui obrigada a vender a casa onde morava e consegui me aposentar, porém minhas

filhas que pagaram os custos deste lugar abençoado, através do qual consegui motivos para voltar a exercer minha profissão de comerciante. Reaprendi a ser e a agir como uma pessoa de valor, com novas oportunidades e mais fé em Deus. Minha árvore é de sofrimento, por isso, tem que ser dura, forte e vermelha.
Aroeira, símbolo da resistência da minha triste vida, me dê forças.
Luzia Junqueira Neves.

Oswaldo Nunes Oliveira, representante comercial, disse:
— O aprendizado desta semana, com certeza, suprirá o que deixei de vender, pois meus erros e vícios foram sanados com extrema eficácia. O abandonado hábito de leitura voltou com todo entusiasmo! As vibrações, a vontade, a alegria, a gratidão e o ânimo daqui extraídos unem quem busca o mesmo objetivo profissional: êxito nos negócios. Aprendemos, em uma semana, o poder da mente humana para atrair as coisas que sintonizam as vibrações necessárias ao sucesso nos negócios. Minha poesia homenageia a bela árvore que aqui abracei!
Canelão forte, árvore que dá sustentação para minhas metas e minha missão.
Oswaldo Nunes Oliveira.

Nilton de Jesus Almeida, empresário, reportou:
— Sou procurado pelos donos de imobiliárias para comprar imóveis de herdeiros desinformados, "conduzidos" por advogados sem ética. Compro a preço de banana, mas não tinha o prazer em viver intensamente, pois estava sendo egoísta. Como castigo, fiquei na solidão em meio a tanto dinheiro. Sempre me aborreci com apelidos e dizeres como "escorpião no bolso", "pão duro", avarento, mas, na Expedição Varpa, encontrei alívio. Deixarei de cobrar o querosene dos meus amigos quando os convido a viajar nos aviões da minha companhia. A partir de agora, comprarei, a preço justo, os imóveis de herdeiros, não passarei para trás

corretores na hora dos acertos das comissões. Também não vou mais dividir as ART na compra de móveis para decorar a casa de clientes que construíram, com dificuldades, sua única casa. Esses dias aqui passados aprimoraram meu caráter e me fizeram redescobrir a força e os ensinamentos de Deus. Não quero mais ser o escravo do dinheiro, colocarei minha vida e a da minha família em ordem. Para o jogral, escolhi o Jatobá!
Jatobá, seus frutos vou comprar e, com certeza, vou doar.
Nilton de Jesus Almeida.

Sônia Alencar de Abreu, professora e artista plástica, afirmou:
— Grande oportunidade de aprimorar o cuidado com o corpo e a mente. Aprendi a usar a força do pensamento na hora de me alimentar e a agradecer as dádivas que Deus me possibilitou, como a convivência com pássaros. Tudo isso me inspirou, pois, quando deslizar os pincéis ao pintar meu próximo quadro, enxergarei a magia da fé em Jesus em cada brilho das cores das penas dos pássaros. Quando pinto um corpo, preciso tomar o máximo de cuidado. Sempre senti a necessidade de manter o meu perfeito. Quero voltar a esse lugar não como paciente, mas como artista, para registrar a beleza das pessoas que vivem para servir ao próximo, da natureza, dos animais e das paisagens. O encanto da árvore Chorão será o tema meu primeiro trabalho.

Pé de Chorão (à direita da imagem) em Varpa-SP

Foto: Adailton Ragazoni

Seus ramos são como a cortina da fé, simbolizam a força do amor balançado com o vento. As imagens dos cachorros border collie sentados sobre as patas traseiras e olhando para nós com todo amor também me encantaram, assim como a dos gatos da Samara, Raji e Naji, pedindo carinho.

E prosseguiu:

— Encontrei, neste lugar, muitos pontos positivos. Aqui, fortaleci meu hábito de observar as regras da natureza, sua força e sua beleza. Seus benefícios tornaram mais alegres e felizes as pessoas que por aqui passaram e passarão. A árvore que me encantou é o pé de chorão!

Se eu pudesse, pintaria o som do vento que sopra a canção do Chorão.

Sônia Alencar de Abreu.

Vanda Cardoso de Mello, cuidadora, afirmou:

— Me considero uma cuidadora pois me dedico ao cuidado do lar, pelo qual enxergo a doce e bela vida. Quando frito o bife da forma que meus patrões gostam, me sinto recompensada, assim como quando vou na padaria e a funcionária fala, com o sorriso no rosto, que o pão está do jeito que meus patrões gostam: bem corado e cheiroso. Estou aqui porque eles me deram essa chance, já que cuido tão bem das flores da minha patroa, que um dia ela encontrou na internet esse lugar e achou que eu merecia dele desfrutar. Ela me disse que as paisagens, as trilhas, o rio, os peixes e o passeio de barco fariam muito bem para minha alma.

E continuou:

— As recordações da minha vida rural vieram à tona de uma forma diferente, confortável, agradável e de muito prazer junto às pessoas. Foi a primeira vez que fiquei do outro lado, sendo servida por pessoas maravilhosas. Volto para casa com as certezas de que Deus me deu o prazer de servir pessoas de coração bom e de que, quando fazemos o que amamos, a recompensa é enorme! Estar aqui é como passar pelo céu. Eu gostei da árvore Marfim. Marfim, ela é tudo de bom que Deus deu pra mim.

Vanda Cardoso de Mello.

Por fim, Zelinda Borges da Silva, assessora política, disse:

— Saio daqui com a certeza de que estou vivendo como os políticos. A grande maioria encontra-se distante daqueles que identificam o caminho do progresso. As raposas dissimuladas não abrem mão dos seus interesses e manipulam fatos para conseguir as coisas. Eles desenvolvem a arte da velha política com extrema autoridade, o que permite total domínio dos seus vícios e desejos. Já vi de tudo, sei de tudo e tudo tem que permanecer em segredo, não suporto mais tanta falsidade, tantos compromissos escusos, tantos arranjos nas barbas do judiciário, advogados sem ética se tornando celebridades, astros do mal. Celebram as falcatruas dos partidos com vinhos de três mil reais, prostíbulas deitam e rolam nas madrugadas nas companhias dos políticos do mal. Enquanto esperamos quórum para votar uma medida importante para o país, eles estão, durante a tarde, fazendo bacanal com garotas de programa e pagando fortunas. A única coisa que tenho certeza dos políticos é a de que não estão nem aí com os pobres. Saio da expedição com outra certeza: vou abandonar a profissão. A árvore Peroba tem tudo a ver com minha profissão!

Peroba: Onde eu trabalho, o que mais tem são políticos caras de pau!

Zelinda Borges da Silva.

A Expedição de Varpa abre um novo horizonte para aqueles que buscam liderança para suas empresas, pois a ideia de juntar-se em grupo e estudar com os maiores profissionais em liderança, absorver as lindas poesias e canções e compreender os ensinamentos da expedição, constituem a força que resulta em sucesso nas empresas e nas famílias.

A arte musical, como a orquestra, consiste em uma linguagem universal. Estar na plateia é sempre uma experiência agradável, pois os espetáculos, assim como os livros, despertam emoções.

Nesse contexto, Benjamim guardará a Expedição Varpa pra sempre em seu coração! Nos próximos 7 anos, o local pode render mais um livro e os clientes podem ser a inspiração dos personagens que buscam a cura para seus males, a inspiração para suas artes, os temas para seus livros, a sabedoria para a alma.

O Sonho a Biblioteca e os Livros

Este último capítulo finaliza uma história conduzida por uma seleção de acontecimentos da vida real em uma livraria, iniciada no dia em que Benjamim inventou de construir um novo prédio no centro da cidade de Marília. A ideia inicial era dar, à empresa, mais conforto após 30 anos de atividades e proporcionar, aos clientes do ramo de produtos eletrônicos, qualidade de atendimento com requintes de luxo. Porém no meio do caminho, mudou de ideia! Resolveu montar uma imensa livraria, indo na contramão do mercado, pois ele sabia que esse tipo de comércio estava começando a desaparecer.

Maquete da livraria com prazo determinado

Autor: Arquiteto Valdemir Pimentel. 2008

Vivendo intensamente o conforto comercial de soluções para empresas há tanto tempo, Benjamim enxergou, naquele local, a oportunidade de escrever um livro, no qual a população e os artistas de rua que circulam pelo centro da cidade constituem os reais protagonistas. Projetou setembro de 2009 como a data de abertura e setembro de 2016 como a de fechamento — impreterivelmente sete anos, em obediência aos ensinamentos das sete vacas magras e sete vacas gordas, oriundos da Bíblia Sagrada. Já o livro dividiu-se em 21 capítulos, visto que o objetivo da narrativa é fazer com que o leitor se sinta melhor a cada capítulo, aliás, sinta-se muito melhor ao sair de cada capítulo. A ideia parte do princípio de transformação dos indivíduos através da arte. Muitos dos personagens foram inspirados em pessoas que passaram pela loja sem, nem de longe, imaginar que estavam sendo observados. Seus comportamentos foram transformados em ouro, em luzes.

Os elementos e o conhecimento dos indivíduos consistiram nos pontos chave para produzir uma grande obra literária, capaz de propiciar dias e noites bem diferentes aos leitores. O acervo, mantido, atualizado e cuidado pela livraria, era muito rico, desse modo, determinados títulos podiam ser comparados a poderosos elixires, pois alimentam nossa alma e nos levam a raciocinar e a descobrir o que há de mais elevado em nós.

A atmosfera consistia em uma espécie de irradiação de cultura, invisível para muitos, mas clara e suave, como o vento que sopra, para outros. O vento também é delicioso em dias quentes e incômodo no inverno. Faz-se necessário saber apreciá-lo, como ocorre em Paris, na França, por exemplo, onde diversos turistas desembolsam grandes quantias para passear em meio ao vento que sopra por aqueles lados.

A Revista Milani Store registrou, em suas 20 edições, mais de 120 artistas de inúmeros gêneros, ensinamentos de professores, de poetas e de escritores da cidade e região. O investimento no projeto da livraria, que incluiu a publicação, rendeu valor incalculável para o conhecimento, pois nem sempre o dinheiro pode comprar tudo, assim como não compra o sonho de jovens escritores, cantores (e suas composições), poetas (e suas emoções), artistas plásticos (e suas obras), enfim, sonhadores.

O anúncio do fechamento da loja surpreendeu os artistas; os clientes fiéis não conseguiam entender; diversos questionamentos começaram a surgir: como é possível fechar um estabelecimento grandioso? No telefone, muitos solicitavam informações sobre o tal fato. Orientados por Benjamim, os funcionários explicavam que o projeto já foi concebido com prazo de validade. Inconformados, os clientes lamentaram o encerramento das atividades. Já os músicos aproveitaram as liquidações e fizeram questão de tirar fotos ao lado dos vendedores, que posavam com um triste sorriso de despedida.

Os livros foram liquidados com preços atrativos, o saldo foi vendido para os sebos universitários, mas, antes, algumas escolas municipais e estaduais receberam estantes com livros selecionados, de autoria dos escritores da região. A liquidação dos vinhos da adega provocou uma loucura. Os clientes e seus cônjuges lamentaram profundamente a falta dos jantares com degustações. Os itens do departamento de moda feminina também foram vendidos por valores abaixo dos praticados normalmente. Os violeiros esbanjaram alegria com a liquidação da grife do lendário Tião Carreiro. A vigésima e última edição da revista registrou a vernissage do famoso artista Hens Bowdivg na matéria de capa.

Na cabeça de Benjamim, tudo corria dentro da programação, os mistérios contidos em sua imaginação até então eram segredos. O que não estava à venda eram as instalações e os móveis — que, projetados com bom gosto, enfeitavam as paredes decoradas, revestidas em madeira de MDF até o teto. As divisórias com vidros temperados se espalhavam entre o primeiro e o terceiro andares. O elevador digital era a alegria das crianças, enfim, tudo era pensado e preparado para dar continuidade ao espaço cultural.

Mais uma vez, a sociedade mariliense foi surpreendida,

agora, com a notícia de que a nova biblioteca municipal seria instalada na antiga livraria. Poder conviver com os livros novamente, na rua mais popular da cidade, foi um presente para a população. Os políticos antigos — os quais caminham longe dos ensinamentos do poder da arte —, lamentaram, espernearam, em vão. A ideia caiu no gosto do povo. Para os políticos eleitos, foi a bola da vez, o tiro certo!

A vida é bela quando compreendemos que os livros constituem os manuais da vida! Uma biblioteca cheia faz as pessoas viverem intensamente. A poesia que fala do fruto, declamada por uma criança, é mais doce que o próprio fruto, é como o sopro da flauta, uma linda melodia!

O político moderno investe na cultura. Os países da Europa são campeões de turismo devido à preservação dos patrimônios históricos culturais, da memória dos grandes escritores, atores, músicos e dos gênios do Romantismo, do Impressionismo, do Barroco, do Rococó, do Renascimento e por aí vai. No momento em que a população descobrir que dentro de uma biblioteca estão as soluções para todos os problemas da humanidade, ao seu alcance, praticamente sem custo, essa cidade terá imediatamente o progresso como o poderoso e único fio condutor do desenvolvimento.

Dentro de uma biblioteca, o mais humilde ser humano tem o mundo aos seus olhos. As receitas do sucesso estão prontas, os métodos para vencer na vida estão escritos, os segredos estão desvendados para as famílias viverem em harmonia.

Certa vez, um advogado disse que na semana em que deixa de ir à biblioteca, tem a impressão de que ela não está completa. Já um professor afirmou que o local lhe proporciona horas deliciosas. Um músico relatou encontrar nela as verdadeiras sinfonias de emoções que necessita para suas composições. Um padre disse que busca, na biblioteca, ferramentas para desenvolver a filosofia da sua doutrina; afirmou ainda ficar vislumbrado com tanta sabedoria. Um palestrante contou que o local abriga milhões de citações, úteis para a elaboração de seus discursos. Por fim, os religiosos expressaram encontrar o vasto conhecimento de culturas milenares, que enriquecem o andar da vida. Já Benjamim acredita que a biblioteca consiste em um imenso dicionário na vida do pesquisador, no berço da criança e no sofá dos leitores.

Biblioteca Municipal de Marília-SP, na rua São Luiz, a mais popular da cidade.

Foto: Edileia Biscaro

As palmeiras plantadas na lateral e na frente da biblioteca cresceram rapidamente, assim como a quantidade de pessoas que frequentam o sagrado ambiente cultural. Anteriormente, a média de público era baixa, de 30 pessoas, devido à teimosia e à falta de conhecimento das velhas raposas políticas. Foram décadas desperdiçadas pelos ultrapassados políticos. Atualmente, a média subiu para 300 visitantes por dia, o volume de frequentadores surpreendeu até os mais otimistas e o choro dos conservadores da velha biblioteca significaram risos de alegria e de progresso para a nova geração, protagonista e testemunha das mudanças ocorridas.

Viver a aventura de um empresário bem-sucedido durante sete anos e proporcionar a atmosfera de várias atividades comerciais e culturais foi o que Benjamim idealizou. O projeto visou a levar entusiasmo aos leitores frequentadores da loja. As tristezas e as alegrias narradas neste livro são verdadeiras, os personagens são reais! Os ex-frequentadores da loja sentirão prazer ao ler este livro, ou seja, constatarão a beleza e a verdade de quem passou pela rua mais popular do centro da cidade.

Quando falamos de sonhos, precisamos falar de realização, ou até explicar tal fenômeno, e o amor necessário para realizá-los. Quando o pensamento é positivo, oriundo das profundezas da alma, rege essa força impaciente de realização. Os 30 anos de vivência no mundo corporativo proporcionaram, a Benjamim, preparação, desejo e amadurecimento da alma. Construir um prédio e montar várias atividades comerciais para escrever um livro pode ser inédito para a população! A narrativa se sustenta por fábulas extraídas de deliciosas passagens ocorridas na livraria, das quais os frequentadores constituíram o combustível. O ato de extrair as paixões, as reflexões e as inclinações de determinados clientes em movimento podem ser comparadas a uma abelha sugando o mel das flores, visto que os interesses, as fraquezas e as imperfeiçoes também fazem parte do dia a dia dos clientes solitários. Não há nada mais misterioso e prazeroso na arte de escrever do que dirigir pessoas em segredo.

Sempre que Benjamim era avisado, através do interfone, por uma atendente, que fulano chegou, nem de longe os envolvidos imaginavam que estava em curso a maneira de cada um viver e de enxergar as coisas na livraria. Certa vez, ele recomendou para uma pessoa, que se encontrava em conflito com o filho, que entrasse em uma igreja e percorresse, uma a uma, as 14 estações. Também sugeriu que conhecesse a biblioteca mais próxima. Falou isso pois, na igreja, ela constataria o sofrimento de Jesus Cristo e, ao sair, se sentira melhor.

Já na biblioteca, ela encontraria centenas de livros com os ensinamentos de Jesus; ao sair, também se sentira muito melhor. Passado algum tempo, tal pessoa voltou com o filho na livraria e disse ter cadastrado os dois na biblioteca. Segundo ela, além de conhecer o encanto e a magia do lugar, criou o hábito de frequentar as missas aos domingos. Relatou que o filho passou a fazer parte do coral, para alegria da mãe, que gosta de cantar. Os evangélicos passaram a adquirir mais livros motivacionais, enfim, todos os credos e certezas estão embutidos nos livros sagrados da vida.

Interior da livraria

Foto: Eduardo Marques

O objetivo deste capítulo constituiu relatar o mistério e a curiosidade presente nos anteriores, os quais apresentam textos marcantes, extraídos de costumes dos clientes da livraria — alguns renomados, outros nem tanto. O livro também trouxe reflexões sobre psicólogos, psiquiatras, músicos e poetas, além de ter exibido o entrelaçamento de ideias, o qual resultou em célebres personagens com textos e frases impactantes.

Frequentar uma biblioteca viva é como associar seu conhecimento ao de outros escritores, autores e poetas, o que enriquece os convívios profissional e pessoal, além de constituir solução para empresários com problemas administrativos. Já para o funcionalismo público, das esferas municipal, estadual e federal, no qual os conflitos são constantes em razão dos métodos aplicados pela era antiga, o livro serve como alívio, descontração e como uma espécie de manual.

Os atendentes praticamente desempenhavam o papel de moderadores do cotidiano das pessoas. Chamo atenção para mais essa reflexão: a ligação entre os livros e as pessoas, quando estreita, promove sabedoria à cidade e torna as ruas mais alegres. Nesse contexto, parece haver mais árvores e muito mais passarinhos. Além disso, as pessoas ficam calmas, os jovens mais educados, as crianças em harmonia com os pais, os professores mais sorridentes. Ou seja, a arte deixa a população com mais prazer de viver intensamente o amor. A riqueza, para muitos, significa vaidade, poder e orgulho. Mas, para os humildes, a riqueza fica em segundo plano.

E agora, como ficar rico? Vamos lá. Você, caro leitor, percebeu o quanto é difícil entender de vinho, visto que diversos elementos o caracterizam, como rótulos, sabores, aromas e, principalmente, harmonização com alimentos. A adega, por exemplo, pode ser o poderoso fio condutor do sucesso!

Em qualquer atividade, o empreendedor, se compreender a metáfora do vinho, cria oportunidades e melhora os resultados do seu negócio, fato que alimenta sua alma. Faça dessa literatura a vitrine de oportunidades de negócios para investidores e pessoas físicas interessadas em ganhar muito dinheiro e em expandir seu próprio negócio.

Se você ainda não percebeu que as crônicas e as poesias humanizam as relações, o que se reflete no desempenho de uma empresa, terá muita dificuldade para ser um homem ou uma mulher de sucesso. Elas nos ensinam conceitos de comportamento, de raciocínio, de diálogo, de criatividade e, principalmente, de inteligência. Caso deseje ser uma pessoa rica, então estude este e outros livros, frequente bibliotecas, pratique uma religião etc. Não há como vencer na vida sem estudar e trabalhar. Será rico aquele que conquistar o maior número de clientes e aprender a agradecer a tudo e a todos.

Você merece e a vida pode te dar todas as coisas que deseja, porém faz-se necessário almejar algo e focar em meios para obtê-lo, independentemente de sua área de atuação. O Universo pode auxiliá-lo durante a jornada rumo à fantástica vida empresarial e seus segredos — se você assim desejar. No caso de

Benjamim, os ensinamentos bíblicos o fizeram compreender o segredo da prosperidade, ou seja, a esperança e a fé o orientaram durante a vida. Quando ele montou sua adega, percebeu que os rótulos de letras tão minúsculas escondiam o segredo da riqueza do conhecimento, da harmonização, da atenção. Inspirado por Jesus, que transformou água em vinho para seus seguidores, Benjamim montou sua adega, confiou no seu instinto e atraiu o que desejou: sucesso.

Muitas das pessoas que chegam à Expedição Varpa se sentem limitadas ou presas ao seu estilo de vida, porém o contato com a natureza, com as cachoeiras, com os animais e, claro, com as notáveis personalidades do local, ensina a manter sempre o poder da gratidão e a viver sempre alegre. Os ensinamentos e a energia da natureza fazem as pessoas saírem de lá muito melhor. Aquele que ler este livro, assimilar seu conteúdo e tiver a capacidade de colocar em prática o que aprendeu, com certeza se aproximará de seus objetivos.

A poesia que fala do fruto, declamada por uma criança, é mais doce que o próprio fruto, é como o sopro da flauta de uma linda melodia!

Os livros são as receitas prontas para o sucesso, é o manual para a pessoa que pretende ficar rica ou milionária...

Mário Milani

Obras publicadas de Mário Milani

O relato de um jovem empresário que sente na pele os efeitos das turbulências econômicas malsucedidas do governo. Apesar de tudo, os vendavais no ramo comercial o tornaram um líder de grande sucesso.

O escritor sempre foi atraído pelas pedras que o mundo coloca diante de nós. O desafio consiste em saber aproveitá-las.

Poemas diversos de profunda ternura humana. A coletânea reúne os escritores do clube de poetas de uma imensa livraria.

Experiência bem-sucedida de reforma agrária no interior paulista, destruída pelo regime militar, implantado em 1964.

Diverte adultos e crianças com as aventuras de um músico compositor, um escritor e as descobertas de um famoso paleontólogo mariliense.

A capa exibe a filha amada do escritor. A adolescente mostrou, em poucas palavras, que as pedras nem sempre têm que ser preciosas.

A obra oferece uma leitura elevada de cada um dos escritores sócios e convidados dos clubes e do Rotary do Distrito 4510.

Um suave diálogo entre o escritor e o paleontólogo sobre os segredos dos fósseis de dinossauros, encontrados a 65 milhões de anos!

O escritor teve um sonho e foi morar na Lua. São Jorge contou um segredo e pediu para Benjamim revelar...

Cinco histórias sobre temas que envolvem a preservação: água, violência urbana, poliomielite, Alzheimer e a fantástica filosofia oriental de Haikai.

As músicas do compositor Mário Milani, Vida de Peão e Amor da Minha Vida integram os volumes 1 e 2 do CD Barretos 2019.